Ingrid Biermann

sehen staunen ausprobieren in der Krippe

Ingrid Biermann

sehen staunen ausprobieren in der Krippe

Naturerfahrungen für Kinder von 1–3 Jahren

Mit Illustrationen von Antje Bohnstedt

FREIBURG · BASEL · WIEN

Erläuterung der Symbole:

 Altersangabe in Jahren   Einzelbeschäftigung

 Kleingruppe (2–3 Kinder)   Spielort drinnen

 Großgruppe ab 4 Kinder (max. 12 Kinder)   Spielort draußen

Im Interesse der besseren Lesbarkeit und weil Frauen in frühpädagogischen Berufen prozentual stärker vertreten sind als Männer, wird in diesem Buch stets die Leserin angesprochen und auch meist die weibliche Form verwendet, wenn von pädagogischen Fachkräften die Rede ist. Selbstverständlich sind damit aber immer Leser und Leserinnen bzw. männliche und weibliche Fachkräfte gleichermaßen gemeint.

© Verlag Herder GmbH, Freiburg im Breisgau 2014
Alle Rechte vorbehalten
www.herder.de

Umschlaggestaltung: SchwarzwaldMädel, Simonswald
Illustrationen außen und innen: Antje Bohnstedt, Bretten-Sprantal

Satz und Gestaltung: Arnold & Domnick, Leipzig
Herstellung: Graspo CZ, Zlín
Printed in the Czech Republic

ISBN 978-3-451-32649-3

Inhalt

Einleitung
Entfaltungsräume für die Jüngsten.................................... 6
Entwicklung in den ersten drei Lebensjahren 10
Tipps für mehr Entfaltungsmöglichkeiten im Alltag mit Kindern.......... 12

Wiesenglück für Grasmonster
Das Erlebnis, barfuss zu gehen....................................... 13

Kleine Tropfen wehen daher
Alles rund um die Bereiche Wind, Wasser, Regen und Schnee 32

Von Sandburgen und Erdhaufen
Kreative Spiele mit Sand und Erde 47

Stein auf Stein
Entdecken, Forschen und Spielen mit Steinen 64

Blütenzauber im Herbstwind
Blätter und Blüten ganzheitlich erleben 70

Nuss ist nicht gleich Nuss
Spiele und Experimente mit Nüssen und Kastanien..................... 75

Einleitung

ENTFALTUNGSRÄUME FÜR DIE JÜNGSTEN

Raumgestaltung

Beobachtet man die Kleinsten, wie sie sich, losgelöst von Zeit und Raum, mit Sand beschäftigen, vergnügt barfuß über die Wiese laufen, Blätter sammeln oder in der Erde nach Regenwürmern suchen, so erkennt jeder Erwachsene ihr ausgeprägtes Bedürfnis nach Sinneswahrnehmung. Mit Achtung und Respekt gehen sie mit dem um, was sie sehen, hören und fühlen und nehmen unter hoher Konzentration neue Erlebnisse auf. Mit Leichtigkeit beginnen sie zu forschen, zu erfinden, erfahren zu handeln – genau darin liegt das Geheimnis des Lernens. Der eigene Antrieb und die Freude Neues aufzunehmen, sich mit Unbekanntem anzufreunden, ist somit der Schlüssel für lang anhaltende Erkenntnisse.

Dafür benötigt das Kind eine Umgebung, die seine Neugierde weckt und in der es ungestört seine eigenen Erfahrungen machen kann. Durch diese Auseinandersetzung lernt es, eine Handlung mitbestimmend zu gestalten, Gedanken in die Tat umzusetzen und sich aktiv an einem Prozess zu beteiligen.

Die hierfür erforderten Materialien sind für jedermann zugänglich – sie befinden sich in der Natur. Alle Materialien, die man daraus schöpfen kann, wie z. B. Steine, Blätter, Sand und Erde, unterstützen die natürliche Entdeckungsfreude der Kinder und fördern sie ganzheitlich.

Um diese Bildungsgelegenheiten anzuregen, sind gut dosierte Impulse von Seiten der pädagogischen Fachkraft nötig. Durch gezielte Beobachtung knüpfen Sie an dem Interesse und dem Können des Kindes an und bieten ihm Variationen, damit das Kind über seine Lernkanäle die Vielseitigkeit des entdeckenden Lernens erfährt.

Hinweise für die Gestaltung der Räume:
- Gestalten Sie im Gruppenraum Flächen, Ecken und Nischen, in denen die Kinder mit Naturmaterialien forschen und experimentieren können. Achten Sie darauf, dass diese Flächen groß genug sind. Eine Decke kann als Unterlage die Spielfläche eingrenzen.
- Stellen Sie grundsätzliche Regeln für das Hantieren mit Steinen und Stöckchen im Raum auf, wie z. B.: „Stöcke und Steine dürfen nur gerollt und nicht geworfen werden."
- Um den Kindern Orientierung im Außengelände zu ermöglichen, muss der übergroße Platz durch Markierungen eingegrenzt sein. Diese können vielseitig gestaltet werden, z. B. durch Heckennischen, kleine Höhlen in Sträuchern, aber auch mit kleinen Holzzäunen eingegrenzte Flächen.
- Das Material sollte, egal ob drinnen oder draußen, in offenen Regalen und überschaubaren Körben übersichtlich angeordnet sein.
- Das Material muss auch in der Freispielzeit für die Kinder zugänglich sein. Versuchen Sie möglichst alle Materialien so aufzubereiten, dass die Kinder selbstständig und gefahrenfrei damit spielen können.
- Je nach Jahreszeit oder Möglichkeiten, sollten die Materialien regelmäßig ausgetauscht oder erweitert werden.
- Die Kinder werden soweit wie möglich in die Abläufe miteinbezogen. Gehen Sie gemeinsam mit den Kindern auf Materialsuche.

Materialien

Schauen Sie sich bei einem Spaziergang durch die Natur um und Sie werden Materialien im Überfluss finden! Offene Regale, Tische und viele Weidenkörbe sind Grundlage der Raumgestaltung und werden im Folgenden nicht gesondert aufgelistet. Sinnvoll sind folgende Materialien:

Vorschlag für die Grundausstattung

Naturmaterialien
- große und kleine Steine
- verschiedenartige Hölzer und Stöckchen
- Blätter, Gräser, Blumen, Kräuter
- Erde, Sand, Kies
- Baumrinde, Rindenmulch
- Kastanien, Nüsse

Sandkastenspielzeug
- Sandeimer
- Schaufel
- Gießkannen
- Schubkarren
- Planschbecken
- Trichter

Medien
- klassische Musik
- Entspannungsmusik
- Bewegungsmusik
- CD-Player
- Laminiergerät

Zubehör

- Decken, Tücher, Handtücher
- Sitzmatten, Hocker
- Malkittel (alte Oberhemden)
- große und kleine Wannen
- Materialkörbe
- Rasierschaum
- Schwämme
- Steckschwämme
- Scheren
- Paketband
- Fingerfarben
- Tesakrepp
- Tapetenrollen, Tapetenkleister
- Plastikteller, Plastiktüten
- Verpackungsmaterial, Tüten, Plastikflaschen
- Kronkorken, Weinflaschenkorken
- Sammelgläser, Lupen
- Klangschale
- Wolle, Kordeln
- Krepppapier
- Watte
- Pipetten
- Mehl
- Bälle, Tennisbälle
- Luftballons
- Kuscheltiere
- Naturbilder, Tierbilder

ENTWICKLUNG IN DEN ERSTEN DREI LEBENSJAHREN

Ein Kind unter drei Jahren will seine Umwelt aktiv entdecken und erforschen. Es will alleine und gemeinsam mit anderen Kindern über das Spiel kommunizieren und bei seinen Aktivitäten Aufmerksamkeit, Beachtung und Zuwendung spüren. Auf diese Weise vermittelt es seine Bedürfnisse und erfährt Wertschätzung, indem es ernst genommen wird.

Es hat große Freude daran, selbst kreativ zu sein. Dies unterstützt das Kind darin, seine Kompetenzen zu entwickeln und auszuweiten. Schritt für Schritt will es die Welt erobern und ausgiebig experimentieren. Es will beobachten, imitieren, nachspielen und mit allen Sinnen aktiv sein. Über die Auseinandersetzung mit sinnvollen Materialien will es seine Fähigkeiten entdecken, Sicherheit im Umgang gewinnen und seine Stärken kennenlernen. Dafür benötigt das Kind Zeit für seine ganz persönliche Entwicklung.

Im ersten Lebensjahr

In diesem Alter ist die Welt des Kindes voller Wunder. Mit allen Sinnen macht es sich auf den Weg, um in diese einzutauchen und sie zu erkunden. Überall ist etwas los und alles muss mit Händen und Füßen erfahren werden. Da der Seh- und Hörsinn des Kindes noch nicht so gut ausgebildet sind, wird zunächst alles mit dem Mund wahrgenommen. Diese orale Phase beginnt etwa mit fünf Monaten und zieht sich über das ganze erste Jahr (oder auch noch länger) hin. Mit Gaumen, Zunge und Lippen erfühlt das Kind seine Umgebung, bevor es sie später mit den Augen wiedererkennt.

Bereits ab dem achten Monat wird es aktiver und beginnt über das Robben und Krabbeln, seine Umgebung zu erkunden. Seine Neugierde wächst stetig und seine Sinne sind immer empfangsbereit. In jeder Phase arbeitet das Kind an seinem Körperbewusstsein. Es bekommt ein Bild von sich und den Dingen in seiner Umgebung.

Im zweiten und dritten Lebensjahr

Das Interesse an Wasser, Sand, Erde und Steinen nimmt zu. Krabbelnd erobert das Kind die Dinge aus dieser neuen Umgebung. Die Freude am Umfüllen, Ausräumen und Sammeln bestimmt sein Spielverhalten. Dabei sind die Ergebnisse des Spiels oftmals noch zufällig.

Bei jeder Auseinadersetzung mit dem Material gebraucht es seine Lernwerkzeuge – die Sinne. Mit ihrer Hilfe macht es sich über die unterschiedlichen Eigenschaften des Materials vertraut. Es passt seine Körperarbeit dem Material an und merkt, dass unterschiedliches Material auch einen unterschiedlichen Krafteinsatz verlangt. Seine Bewegungsmuster verändern sich somit innerhalb seiner vielfältigen Erfahrungen. Durch das immer wiederkehrende Ausprobieren und Experimentieren mit den Natur- und Alltagsmaterialien entwickelt es seine Sachkompetenzen und durch seinen starken Bewegungsdrang erweitert sich sein Bewegungsradius.

Nachdem es vorerst gerne allein spielt, nimmt das Interesse an dem, was andere Kinder machen, zu. Gemeinsam sammeln, gemeinsam bauen oder gemeinsam einer Geschichte zuhören macht immer mehr Freude und unterstützt die Entwicklung der sozialen Kompetenz. Gemeinsame Erfahrungen regen die Kreativität des Kindes an und unterstützen die Entwicklung seiner Handlungs- und Planungsfähigkeit. Das Kind lernt in erster Linie über die Beobachtung und setzt dann, in seinem Tempo, selbstständig mit seinem Vorhaben ein. In diesem Selbstbildungsprozess entwickeln sich seine kognitiven Strukturen.

TIPPS FÜR MEHR ENTFALTUNGSMÖGLICHKEITEN IM ALLTAG MIT KINDERN

Kleinstkinder brauchen eine Umgebung, die ihnen vertraut ist, in der sie sich sicher und geborgen fühlen, die zum Entdecken, Experimentieren und Verweilen einlädt. Ordnung und Übersichtlichkeit sind zwei bedeutende Faktoren, die es den Kindern ermöglichen, sich auf eine Spielsituation einzulassen und eigene Ideen umzusetzen. Zu viele Eindrücke, die die Sinne überreizen, führen oft zur Überforderung der Kinder und hemmen dadurch die Motivation, sich mit den Materialien auseinanderzusetzen.

Eine ästhetische Aufbereitung des Materials hingegen lädt die Kinder dazu ein, sich damit intensiver zu befassen. Dafür braucht es Material, das neugierig macht und das zum Beobachten anregt; das Ähnlichkeiten und Unterschiede erkennen lässt, das zum Sortieren, Zuordnen und Zusammenfügen auffordert, und das die Fantasie und Kreativität der Kinder weckt.

> **Vorsorge ist ratsam!**
> Werden Naturmaterialien als Spielzeug angeboten, sollten diese gereinigt und in einem kleinen Planschbecken oder einer Wanne bereitgestellt werden. Ein Becken mit Sand, Steinen, Wasser, Kastanien, Gras oder Blättern kann nach dem Spiel, egal ob im Freien oder im Haus, zugedeckt und am nächsten Tag wieder bedenkenlos angeboten werden.
> Da Kleinstkinder die Materialien oftmals in den Mund nehmen, ist es wichtig, dass Elemente wie Farben, Klebstoffe, Hölzer oder auch Stoffe schadstofffrei sind.

Vor den Angeboten steht immer das eigene Experimentieren des Kindes im Vordergrund. Auch wenn die Form der Impulse als fest strukturiert erscheinen, ist es nicht mein Ziel, Abläufe und Vorgaben zu machen, die ungefiltert übernommen werden sollen. Es liegt in Ihrer Professionalität, nur das zu nutzen, was für die Entwicklungsphasen Ihrer Kinder von Bedeutung ist. Wählen Sie, je nach Interesse und Entwicklungsstand Ihres Kindes, nach Ihren Arbeitsbedingungen und nach Ihren eigenen pädagogischen Zielsetzungen aus der Menge meiner Impulse aus.

Ich wünsche Ihnen und den Kindern Freude bei der Umsetzung der Impulse.

Ingrid Biermann

Wiesenglück für Grasmonster

DAS ERLEBNIS, BARFUSS ZU GEHEN

Barfußgehen macht viel Spaß und ist sehr gesund. Es trainiert die Fußmuskulatur, beugt so Fehlstellungen vor und die Füße sind weniger schmerzanfällig. Barfußgehen regt zudem die Entwicklung der taktilen Wahrnehmung an und schenkt dem Barfüßler ein intensives Gefühlserlebnis.

Mein Freund der Baum

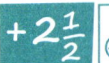

Material *Für die Variationen:* viele bunte Stoffbänder, Klangschale

Hinweis: Suchen Sie auf Ihrem Spielplatz oder in einem Park einen kleinen Baum, den die Kinder bei dieser Aktion selbstständig mit bunten Krepppapierbändern schmücken können.

Sie laden die Kinder zu einem Spaziergang ein, um einen besonderen Baum zu besuchen. Haben sie ihn gefunden, ziehen die Kinder ihre Schuhe aus und werden eingeladen, den Baum kennenzulernen. Sie befühlen seinen Stamm mit Händen und Füßen, ertasten seine Äste und Zweige, Knospen und Blätter. Danach setzen sich alle um den Baum und Sie erzählen folgende Geschichte:

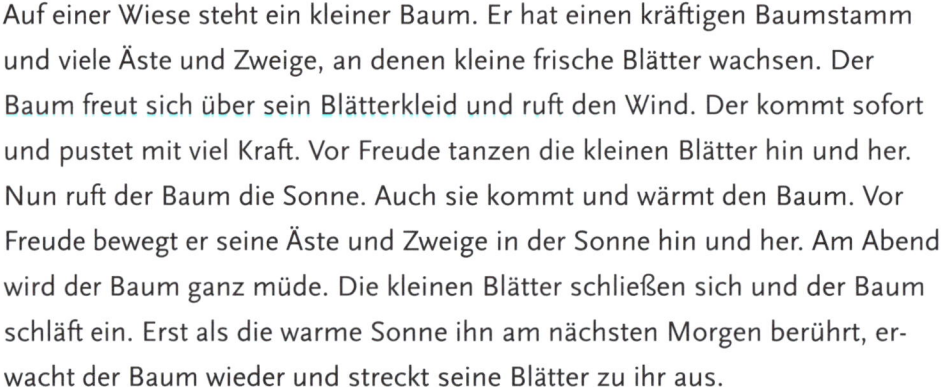

> Auf einer Wiese steht ein kleiner Baum. Er hat einen kräftigen Baumstamm und viele Äste und Zweige, an denen kleine frische Blätter wachsen. Der Baum freut sich über sein Blätterkleid und ruft den Wind. Der kommt sofort und pustet mit viel Kraft. Vor Freude tanzen die kleinen Blätter hin und her. Nun ruft der Baum die Sonne. Auch sie kommt und wärmt den Baum. Vor Freude bewegt er seine Äste und Zweige in der Sonne hin und her. Am Abend wird der Baum ganz müde. Die kleinen Blätter schließen sich und der Baum schläft ein. Erst als die warme Sonne ihn am nächsten Morgen berührt, erwacht der Baum wieder und streckt seine Blätter zu ihr aus.

Variation 1: Mit einer Klangschale verwandeln Sie die Kinder in Bäume. Die Kinder heben ihre Arme wie Äste in die Höhe und spreizen ihre Finger wie Zweige. Dann bewegen sie Arme und Finger leicht hin und her. Abschließend spielen Sie erneut auf der Klangschale und beenden den Zauber.

Variation 2: Die Kinder schmücken den Baum mit bunten Stoffbändern, damit sie ihn immer wieder erkennen. Er ist ihr Freund geworden, den sie immer wieder besuchen wollen.

Kleiner Baum du bist so schön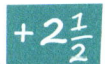

Material *Für die Variation:* Blätterstrauß, Zweig

Auf einer Wiese an einem Baum laden Sie die Kinder ein, nach der Melodie von *Brüderchen, komm tanz mit mir* gemeinsam um den Baum herum zu tanzen. Am Ende der dritten Strophe bleiben die Kinder stehen und winken dem Baum zu.

> Kleiner Baum, du bist so schön, die Blätter leicht im Winde wehn,
> oh, wie schön, oh wie schön, ich kann die Blätter tanzen sehn.
>
> Kleiner Baum, du bist so schön, die Zweige leicht im Winde wehn,
> oh, wie schön, oh wie schön, ich kann die Zweige tanzen sehn.
>
> Kleiner Baum, ich geh nach Haus, ruh dich nun ein wenig aus,
> oh, wie schön, oh wie schön, bald werden wir uns wiedersehn.

Variation: Das Lied lädt zu einem kleinen Rollenspiel ein. Die Kinder sind Bäume und bewegen sich im Wind. Sie singen das Lied und streichen bei der ersten Strophe jedem Kind einzeln mit dem Blätterstrauß über den Arm, bei der zweiten Strophe berühren Sie jedes Kind mit einem Zweig und bei der dritten Strophe winken Sie den Kindern zu.

Wiesenbewohner

Material: grüne Decke, Klangschale

Suchen Sie gemeinsam mit ihren Barfüßlern einen schönen Platz auf der Wiese und breiten dort die Decke aus. Alle Kinder setzen sich auf die Decke und Sie bitten sie eine kurze Zeit, ganz leise zu sein. Anschließend erzählen Sie folgende Wiesengeschichte:

> Auf der Wiese wohnen viele klitzekleine Tiere. Einige wohnen unter der Erde, einige zwischen den Grashalmen und wieder andere unter großen Blättern. Jeden Morgen fliegen oder krabbeln sie über die Wiese, um ihr Frühstück zu suchen. Überall gibt es etwas zu knabbern. Die Gräser und die Blumenblätter sind im Frühling richtig saftig und schmecken besonders gut. Wenn die Wiesenbewohner satt sind, fliegen oder krabbeln sie auf ein großes Blatt. Sie recken und strecken sich, legen sich auf das Blatt und wärmen sich in der Sonne. Danach putzen sie ihre kleinen Flügel. Nach dieser Pause fliegen oder krabbeln sie bis zum Abend auf der Wiese umher. Erst wenn es dunkel wird, fliegt oder krabbelt jedes Tier in seine Wohnung und schläft dort bis zum nächsten Morgen.

Spielen Sie anschließend leicht auf der Klangschale und laden die Kinder ein, mit Ihnen über die Wiese zu krabbeln und nach den Wiesenbewohnern aus der Geschichte zu suchen. Dabei singen Sie langsam und leise folgendes Lied nach der Melodie von *Alle meine Entchen*:

> Kleine Wiesentiere krabbeln hier und dort, krabbeln hier und dort,
> suche ganz ganz leise, sonst sind sie ganz schnell fort.

Die Strophe kann mehrmals wiederholt werden. Haben die Kinder ein Tier entdeckt, so schauen es sich alle Kinder gemeinsam an. Abschließend sucht sich jedes Kind einen Platz auf der Decke, legt sich hin und ruht sich aus. Spielen Sie erneut auf der Klangschale, ist die Pause beendet und das Spiel ist vorbei.

Variation 1: Sie benennen die beschriebenen Tiere aus der Geschichte, wie z. B. Regenwurm, Käfer oder Spinne. Die Kinder suchen dann nacheinem der Tiere.
Variation 2: Die Kinder sind die Wiesentiere und fliegen oder krabbeln über die Wiese, während die Geschichte mit den benannten Tieren nochmals von ihnen erzählt wird.
Variation 3: Sie singen das folgende Lied nach der Melodie von *Alle meine Entchen* und die Kinder bewegen sich passend dazu über die Wiese.

> Viele Regenwürmer kriechen hier und dort, kriechen hier und dort,
> such und sei ganz leise, sonst kriechen sie schnell fort.

> Viele kleinen Käfer fliegen hier und dort, fliegen hier und dort,
> such und sei ganz leise, sonst fliegen sie schnell fort.

Hinweis: Die Strophen können beliebig erweitert werden.

Galerie Klecks

Material: viele Margarinebecher, Fingerfarben, Tesakrepp, Tonpapier in verschiedenen Farben, Tapetenrolle, Tesakrepp, Tisch(e), pro Kind ein Malkittel und ein Sammeleimer

Die Barfüßler sammeln auf dem Spielplatz Gräser, Moos, Äste mit und ohne Blätter, Zweige, große und kleine Blätter, Baumrinde, Steine und Hölzer. Sie bekleben die Tische draußen oder im Waschraum mit Tapetenpapier und Tesakrepp. Aus den Stöcken und Gräsern binden Sie mit Hilfe von Tesakrepp verschieden dicke Pinsel. Die Fingerfarbe wird in Margarinebecher geschüttet. Nun können die Kinder mit ihren Naturpinseln malen, mit dem Moos und den Blättern drucken und mit den anderen Materialien Spuren ziehen.

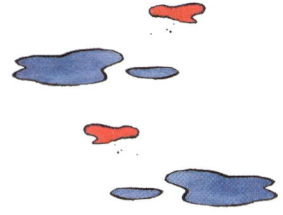

Leo und die Frühlingsschätze

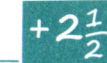

Material: grüne Decke (Wiesentischdecke), einige Marmeladengläser mit Deckel, Stofftier (Eichhörnchen), Weidenkorb mit einer Vogelfeder, Frühlingsblumen, Zweig mit Knospen, frisches Gras, Korb, pro Kind ein Eimer und eine Schaufel

Vorbereitung: Das Eichhörnchen-Stofftier wird in einen Weidenkorb gelegt und unter dem Gras versteckt.

Stellen Sie den Weidenkorb in die Kreismitte und lassen Sie das Gras von den Kindern beiseiteräumen. Nachdem die Kinder das Stofftier entdeckt haben, erzählen Sie ihnen, dass das Stofftier „Leo" heißt und erzählen die folgende Geschichte:

> Eichhörnchen Leo lebt in einem alten Baum auf einer großen Wiese. Er hat den ganzen Winter geschlafen. Der Winter ist nun vorbei und endlich kommt der Frühling. Leo wird von der Sonne geweckt. Er reckt und streckt sich und geht mit seinen kleinen Füßen vorsichtig über die Wiese. Dabei sieht er wunderschöne Dinge. Er sieht Blumen und riecht an ihnen. Er knabbert vom frischen, grünen Gras und legt sich dort hinein. Leo spürt die Frühlingssonne, die ihn überall wärmt. Am Himmel sieht er viele Vögel, die laut zwitschernd hin und her fliegen. Leo schaut ihnen lange hinterher. Nach einer Weile steht er wieder auf und sammelt viele bunte Frühlingsschätze, die er mit in seinen Baum nimmt, um dort damit zu spielen.

Anschließend holen Sie den Korb mit den Frühlingsschätzen und alle Kinder nehmen diese mit ihren Sinnen wahr. Da das Eichhörnchen keine Schuhe trägt, laden Sie die Kinder ein, wie Leo, barfuß nach Frühlingsschätzen zu suchen. Ausgestattet mit Eimern, Schaufeln und Gläsern gehen sie auf die Wiese. Danach breiten alle Kinder ihre Schätze auf der Wiesentischdecke aus und betrachten, befühlen, beschnüffeln und ordnen diese einander zu. Zum Schluss sucht sich jedes Kind einen Schatz aus, den es mit nach Hause nehmen darf.
Die Decke bleibt den Tag über liegen, sodass die Kinder die Möglichkeit haben, jederzeit zu ihren Schätzen zurückzukehren, um sich mit ihnen zu beschäftigen.

Variation: Die gefundenen Schätze werden getrocknet oder gepresst und als AnschauungsMaterial mit in die Gruppe genommen.

Hinweis: Untersuchen Sie die Wiese bevor Sie mit den Kindern barfuß darübergehen. Spitze Steine, Dornen, Metallteile oder Glasscherben können Verletzungen verursachen. Kalte Böden können schnell zu Erkältungen führen, deshalb ist ein anschließend warmes Fußbad ein besonderes Vergnügen.

Vogelkonzert

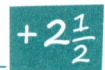

Material: Klangschale

Die Barfüßler suchen sich auf der Wiese einen Platz. Sie spielen auf der Klangschale einen Ton an. Die Kinder sind ruhig und lauschen dem Vogelgezwitscher. Nun verwandeln Sie die Kinder in kleine Vögel. Sie zwitschern und fliegen über die Wiese. Danach kommen sie zurück und setzen sich hin.
Nun laden Sie die Kinder zu einem Vogelkonzert ein. Sie sind der Dirigent. Halten Sie die Hände weit auseinander, so zwitschern die Kinder laut, halten Sie die Hände zusammen, dann zwitschern die Kinder leise. Das Spiel wird mehrmals wiederholt. Anschließend wird das folgende Lied nach der Melodie von *Vogelhochzeit* gemeinsam gesungen.

Die Vögel singen leis ihr Lied, die Kinder singen alle mit, fideralala, fideralalal, fideralalalala.	*Leise singen*
Die Vögel singen laut ihr Lied, die Kinder singen alle mit, fideralala, fideralala, fideralalalala.	*Laut singen*
Das Vogellied, es ist nun aus, die Vögel fliegen all nach Haus, fideralala, fideralala, fideralalala.	*Mit ausgebreiteten Armen über die Wiese laufen und sich ein Versteck suchen.*

Schaubild

Material: pro Kind ein Steckschwamm (Bausteingröße) und ein Sandeimer, Paketband, Schere

Die Barfüßler versammeln sich am Sandkasten. Sie laden die Kinder ein, in ihrem Eimer Wiesenschätze zu sammeln. Beim Abschneiden der Gräser sind Sie ggf. behilflich.
Danach bekommt jedes Kind einen Steckschwamm. Nun können sie ihre Wiesenschätze in den Schwamm stecken. Um die fertigen Schaubilder wickeln Sie ein langes Band und hängen dieses dann in einen Baum.

Variation: Die Materialauswahl kann auch eingegrenzt werden, z. B. die Schwämme nur mit Stöckchen, Gräsern, Blättern oder Blumen bestücken.

Ähnlichkeiten suchen

Material: viele einfarbige Handtücher, große Decke, pro Kind ein Sammeleimer

Sie laden die Kinder zu einem Wiesenspaziergang ein und bitten sie, alles in ihren Eimern zu sammeln, was ihnen gefällt. Danach legen Sie die Handtücher auf die Wiese. Auf jedes Handtuch legen Sie als Erste ein Fundstück. Die Kinder legen die ähnlichen Gegenstände, die sie gesammelt haben, auf die von Ihnen gekennzeichneten Handtücher. Haben die Kinder etwas gesammelt, das zu keinem Handtuch passt, holen Sie ein neues Handtuch hinzu. Erst wenn die Eimer der Kinder leer sind, werden die Dinge auf den Handtüchern betrachtet und Ähnlichkeiten festgestellt.

Variation: Die Kinder betrachten die Gegenstände auf den einzelnen Handtüchern. Anschließend schließen sie die Augen oder halten ihre Hände davor und Sie legen einen Gegenstand von einem Handtuch auf ein anderes. Die Kinder öffnen die Augen und überlegen gemeinsam welcher Gegenstand nicht auf dem richtigen Handtuch liegt.

Wiesen Such- und Fühlspiele

Material: große Decke, Weidenkorb, Gras, Steine, Äste, Blätter

Die Kinder sitzen barfuß auf der Decke. Sie stellen einen Korb mit Gräsern, Steinen, Blättern und Ästen in die Mitte. Laden Sie die Kinder ein, die Naturmaterialien zu befühlen und ihre Eigenschaften kennenzulernen. Danach bilden die Kinder mit der Hand eine Schale. Wenn sie möchten, schließen die Kinder die Augen dabei. Nun legen Sie jedem Kind ein Blatt in die Hand. Die Kinder erfühlen das Blatt, öffnen ggf. die Augen und tauschen sich darüber aus. Danach legt jedes Kind sein Blatt auf die Decke. Dieses Spiel wird mehrmals mit anderen Materialien wiederholt.

Variation 1: Jedes Kind sucht sich einen Gegenstand aus und legt ihn auf die Decke. Alle Kinder stellen sich um die Decke in einen Kreis auf. Sie beschreiben einen Gegenstand und die Kinder erraten, welcher Gegenstand beschrieben wurde. Diesen legen sie wieder in den Korb zurück. Das Spiel wird solange gespielt, bis kein Gegenstand mehr auf der Decke liegt.

Variation 2: Legen Sie einen Stein, etwas Gras, ein Blatt, einen Ast und eine Blume auf die Decke. Sie sprechen den folgenden Reim und die Kinder nehmen den benannten Wiesenschatz von der Decke.

Es ist grün und auch ganz glatt,
such und bring mir dann ein *Blatt*.

Es ist lang, dünn, vielleicht auch nass,
such und bring mir dann das *Gras*.

Es ist hart und auch ganz klein,
such und bring mir dann den *Stein*.

Es ist dünn, lang oder klein,
bring mir den *Ast*, wo mag er sein.

Es blüht und duftet, ist ganz klein,
such eine *Blume*, wo mag sie ein.

Geschichtenerfinder

Material: große Decke, Klangschale, pro Kind ein kleiner Weidenkorb
Für die Variationen: Blätter, Blumen, Vase, Brett oder Bank, Steine, pro Kind 2 kleine Äste

Alle Barfüßler sitzen auf der Decke mit je einem Weidenkorb. Spielen Sie auf der Klangschale und laden Sie dann die Kinder dazu ein, Wiesenschätze zu sammeln. Wird die Klangschale erneut angeschlagen, kommen die Kinder zur Decke zurück. Die Kinder zeigen ihre Schätze und erzählen das, was sie drüber wissen. Danach nehmen Sie einen Schatz, den die Kinder gefunden haben. Nun erfinden Sie zu diesem Schatz eine Kurzgeschichte oder Sie nutzen die folgenden Beispielgeschichten.

Das Blatt

Es war einmal ein kleines Blatt. Das hing mit vielen Blättern an einem großen Baum. Immer wenn der Wind kam, bewegten sich die kleinen Blätter hin und her. Erst als es dunkel wurde und der Wind fort war, hingen sie ruhig im Baum und ruhten sich ganz lange aus.

Variation: Die Kinder nehmen ein Blatt in jede Hand und stellen sich wie ein Baum auf die Wiese. Sie erzählen die o. g. Geschichte und die Kinder setzen den Text in Bewegung um.

Der Stein

Es war einmal ein kleiner Stein. Der lag mit vielen anderen Steinen auf einer Wiese. Eines Tages kamen Kinder und sammelten die Steine ein. Sie spielten mit Ihnen. Sie legten die Steine auf ein schief gestelltes Brett, schupsten sie an und ein Stein nach dem anderen kullerte das Brett hinunter. Den ganzen Tag lang spielten die Kinder mit den Steinen. Erst am Abend legten sie die Steine zurück ins Körbchen und nahmen sich vor, am nächsten Morgen wieder damit zu spielen.

Variation: Sie erzählen die o. g. Geschichte. Danach stellen Sie den Kindern Bretter zur Verfügung. Alternativ wird eine Bank schiefgestellt. Nun können die Kinder die gesammelten Steine das Brett herunterkullern lassen.

Der Ast

Es war einmal ein Ast, der mit anderen Ästen auf der Wiese lag. Eines Tages kamen viele Kinder. Sie sammelten die Äste ein und machten mit ihnen Musik. Vorsichtig schlugen sie zwei Äste aufeinander und sangen dazu wunderschöne Lieder. Erst nach einer langen Zeit legten sie die Äste in ein Körbchen, nahmen sie mit und machten von dem Tag an mit ihnen Musik.

Variation: Die Kinder setzen sich mit je zwei Ästen oder Stöcken auf die Wiese und singen mit ihnen bekannte Lieder. Dazu schlagen sie ihre Stöckchen zusammen.

Die kleine gelbe Blume

Es war einmal eine kleine gelbe Blume. Die wuchs mit vielen anderen Blumen auf einer schönen Wiese. Eines Tages kamen Kinder und pflückten die Blumen. Auch die kleine gelbe Blume wurde gepflückt. Alle Blumen wurden zu einem bunten Wiesenblumenstrauß in eine Vase gestellt. Diese stand nun viele Tage auf dem Frühstückstisch und die Kinder erfreuten sich jeden Tag an den bunten Blumen.

Variation: Die Kinder pflücken Blumen, stellen sie in eine Vase und schmücken damit den Frühstückstisch.

Blattkunst

Material: Tapetenrolle, Tesakrepp, Schere, Tapetenkleister, Pinsel, Tisch, evtl. pro Kind Malkittel und Sammelkorb
Für die Variation: Gras, Blumen

Vorbereitung: Sie rühren Tapetenkleister an.

Die Barfüßler sammeln Blätter. In der Zwischenzeit kleben Sie mit Tesakrepp ein Stück Tapete auf einem Tisch fest. Nun können die Kinder ihre gesammelten Blätter mit Tapetenkleister einstreichen und auf die Tapete kleben.

Variation: Aus der Blattkunst wird eine Gras- oder Blumenkunst.

Wiesengeflüster

Die Barfüßler suchen sich auf der Wiese einen Platz und stehen ganz still. Sie laden die Kinder zu einem Lauschspiel ein. Alle bleiben still stehen und hören den Vögeln zu. Sie sagen dazu leise den folgenden Vers:

> Höre zu und sei ganz still,
> weil dir ein Tier was sagen will.
> Der Vogel, der kann viel berichten,
> er erzählt dir nun Geschichten.
> Was erzählen sie? *Kurze Lauschpause*

Sie oder die Kinder erzählen, was der Vogel erzählt hat. Die Kinder suchen sich auf der Wiese einen anderen Ort aus, legen z. B. ihr Ohr auf die Wiese und lauschen in die Erde hinein. Der Vers kann mit unterschiedlichen Tieren und an vielerlei Orten wiederholt werden. Zum Abschluss wird folgender Vers gesprochen:

> Auf der Wiese ist es still,
> weil jedes Tier nun schlafen will. *Leise die Wiese verlassen.*

Wiesenkaufladen

Material: Klangschale, pro Kind eine Matte und ein Eimer

Eine Hälfte der Barfüßler spielt Verkäufer, die auf ihren Matten einen Wiesenkaufladen eröffnen und Wiesenschätze verkaufen. Zunächst müssen sie diese sammeln. Ist der Wiesenkaufladen fertig, setzt sich jeder Verkäufer hinter seine Matte und wartet auf Kundschaft. Die anderen Kinder gehen in der Zwischenzeit ebenfalls mit ihren Eimern über die Wiese. Sie aber sammeln kleine Steine, die sie zum Bezahlen im Wiesenkaufladen brauchen. Nun kann das Verkaufspiel beginnen. Sie spielen aktiv mit und unterstützen, wenn es sein muss, verbal die Käufer oder Verkäufer. Sind alle Einkäufe beendet, gehen die Kinder zu ihren Matten und legen dort ihre gekauften Schätze aus. Anschließend werden die Rollen gewechselt.

Viele Barfußkinder

Material: frisch gemähtes Gras, mehrere Schubkarren, Weidenkorb

Die Barfüßler sammeln in den Schubkarren Gras, legen damit eine große Grasdecke und setzten sich darauf. Sie laden die Kinder zu folgendem Spiel ein.

Die Kinder krabbeln über die Grasdecke, während Sie die erste Strophe des Liedes nach der Melodie von *Alle meine Entchen* singen. Nach der Strophe stellen Sie den Kindern eine Aufgabe (z. B.: sucht krabbelnd einen Stein und bringt ihn zur Grasdecke). Die gesuchten Schätze werden in einen Korb gelegt. Danach singen Sie erneut die Strophe und geben eine andere Suchaufgabe, die erfüllt werden soll (z. B. ein Blatt, einen Stock, eine Blume etc. suchen). Das Spiel kann beliebig oft wiederholt werden.

Viele Barfußkinder krabbeln durch das Gras,
krabbeln durch das Gras,
krabbeln eine Strecke,
ja das macht viel Spaß.

Variation: In dem Lied können die Bewegungen verändert werden und die Barfüßler suchen fliegend oder hüpfend den benannten Wiesenschatz. Der Liedtext wird entsprechend verändert.

Tierisch schöne Spiele auf der Wiese
Kleinkinder schlüpfen gerne in Tierrollen. Sie imitieren, improvisieren und experimentieren voller Freude mit den Bewegungen und Geräuschen der Tiere und verwandeln sich gerne in Hasen, Vögel, Schmetterlinge oder Käfer. Dadurch erleben sie sich immer wieder in neuen Bewegungsarten. Diese machen ihnen nicht nur Freude, sondern sie erleben sich auch in ihrer eigene Bewegungsvielfalt. Mithilfe von anregenden Versen, Liedern und Geschichten fällt den Kindern die Umwandlung zur Bewegung leicht.

Hand- und Schwammkunst

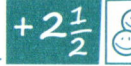

Material: grüne, blaue und gelbe Fingerfarbe, Plastikteller, Tapetenrolle, Tesakrepp, Tisch, pro Kind Malkittel und Schwamm

Sie schneiden einen langen Streifen von der Tapetenrolle und falten diesen längs in der Hälfte zusammen. Diese schmale Malstraße wird mit Tesakrepp auf dem Tisch festgeklebt.

Die Kinder streichen mit grüner Fingerfarbe eine Hand ein und drucken sie auf das Blatt. Alle Kinder führen diese Aufgabe aus. Die Hände werden nebeneinander abgedruckt. Schon ist eine Buschhecke entstanden. Die Tapete wird nun aufgeklappt und wieder auf dem Tisch befestigt. Nun kann blaue und gelbe Farbe auf die Teller geschüttet werden und die Kinder drucken mit ihrem Schwamm und der Farbe Wolken und Sonne auf der oberen Teil der Tapete.

Variation: Es werden weitere Farben zur Verfügung gestellt mit denen Kinder das Bild über Fingerdruck mit Blumen und Tieren schmücken können.

Umgang mit Mal- und Wasserfarbe
Gerade die Kleinen benötigen großflächige Malwände, um sich mit Wasser- oder Fingerfarbe auseinanderzusetzen. Hierfür werden lange Tapetenbahnen aneinandergeklebt und in Höhe der Kinder an der Wand oder auf einen Tisch befestigt. Nun können die Kinder mit Händen, Rasierpinseln, Schwämmen, Kämmen, Korken, Bürsten und anderen Materialien experimentieren.

Immer an der Schnur lang

Material: mehrere Äste, Hammer, lange Schnur, Korb mit Blättern, Gräsern, Steinen und Stöckchen, 4 Sortiereimer

Vorbereitung: Sie schlagen Äste in die Wiese und verbinden diese mit einer Schnur.

Die Barfüßler suchen Blätter, Gräser, Steine und Stöckchen. Diese Dinge legen sie in den Korb, der am Ende der Schnurstraße steht. Nacheinander gehen die Kinder an der Schnur entlang, können dabei ihre Augen schließen und nehmen am Ziel einen Wiesenschatz aus einem Korb, gehen an der Schnur ihren Weg zurück, benennen am Ziel ihren Schatz und legen ihn in den entsprechenden Sortierkorb (er ist schon mit einem darinliegenden Schatz gekennzeichnet). Das Spiel ist beendet, wenn der Korb mit den Wiesenschätzen leer ist. Am Schluss wird nachgesehen ob die Schätze richtig sortiert wurden.

Hüpf der Hase

Material: grüne Decke, großer Kuscheltierhase

Vorbereitung: Sie verstecken auf der Wiese einen Stofftierhasen.

Die Barfüßler sitzen auf der grünen Decke. Sie erzählen, dass hier auf der Wiese der Hase Hüpf wohnt. Die Barfüßler werden eingeladen, ihn zu suchen. Haben sie ihn gefunden, so bringen sie ihn mit auf die Decke.
Anschließend wird das folgende Lied nach der Melodie von *Häschen in der Grube* gesungen. Die Kinder werden gebeten, ihre Augen zuzuhalten, und Sie verstecken den Hasen. Die Kinder suchen ihn und bringen ihn zur Decke.

> Häschen auf der Wiese,
> saß und schlief, saß und schlief.
> Such das Häschen, such geschwind,
> suchen kann ein jedes Kind.
> Kindlein such, Kindlein such, Kindlein such.

Rolle, rolle, rolle schnell

Material: frisch gemähtes Gras, pro Kind einen Wasserball

Die Barfüßler bauen eine Krabbelstraße aus Gras. Die Erzieherin holt einen Wasserball, rollt ihn über die Grasstraße und spricht dabei folgenden Vers:

> Rolle, rolle, rolle schnell,
> den Wasserball jetzt auf der Stell.
> Über das Gras schnell hin und her,
> das macht Spaß und ist nicht schwer.
> Rolle, rolle, rolle schnell,
> den Wasserball jetzt auf der Stell.

Nun bekommt jedes Kind einen Wasserball. Nacheinander rollen sie ihren Ball über die Grasstraße, während Sie den Vers sprechen.

Variation 1: Die Barfüßler setzen sich zu zweit gegenüber und rollen sich einen Ball gegenseitig zu. Sie sprechen den Vers und können dazu eine eigene Singsangmelodie erfinden.

Variation 2: Sie holen andere Bälle (z. B. Tennis- oder Tischtennisbälle). Diese werden während dem Vers über die Grasstraße gerollt.

Variation 3: Die Kinder rollen sich selbst über die Grasstraße. Dafür wird der Vers etwas verändert: (Rolle, rolle, rolle schnell, jedes Kind rollt auf der Stell ….).

Mit Fingerspielgeschichten zur Ruhe kommen
Für Krippenkinder ist das Bedürfnis nach Bewegung sehr groß. Sie setzen gerne das, was sie sehen und hören, in Bewegung um. Gleichzeitig haben sie aber auch ein großes Bedürfnis nach Ruhe. Der Körperkontakt zwischen Erzieherin und Kind hilft ihnen, diese Ruhe zu finden. Dieses Bedürfnis nach Nähe kann in der Krippe mit kleinen Fingerspielgeschichten, die schnell zu Streichel- und Berührungsspielgeschichten umgewandelt werden können, gestillt werden. Ob als Schlaf-, Wickel- oder als Trostritual, z. B. während der Eingewöhnungsphase – Körperspielgeschichten sind immer willkommen.

Wiesentiere

Material: grüne Decke, Klangschale, Kalenderbilder von Wiesentieren wie Regenwurm, Schnecken, Käfer, Schmetterling, Hase, Eichhörnchen usw., Locher, kleine Kordel, evtl. Laminiergerät

Vorbereitung: Aus schönen Tierbildern wird mithilfe eines Laminiergerätes ein Wiesenbilderbuch gemacht.

Die Barfüßler sitzen auf der Decke. Mithilfe des Bilderbuches entsteht ein Gespräch über die abgebildeten Tiere. Gemeinsam wird überlegt, welches Tier sich langsam und welches sich schnell bewegt, welches krabbelt und welches fliegt. Sie schlagen die Klangschale leise an, sprechen den Vers und verwandeln die Kinder in das benannte Tier. Die Kinder bewegen sich dem Tier entsprechend auf der Wiese. Hören die Kinder erneut die Klangschale, dann ist der Zauber vorbei und die Kinder werden in ein anderes Tier verwandelt. Das Verwandlungsspiel kann beliebig oft durchgeführt werden.

> Zu kriechen, ja das ist nicht schwer,
> schau, ich krieche nun daher.
> Wie ein Wurm kriech ich hinaus,
> dreh dann um und kriech nach Haus.

Variation: Die Kinder überlegen sich ein Tier, in das sie verwandelt werden möchten.

Krabbeltiere

Sie sprechen dem Kind zunächst den Vers vor und bewegen Ihre Hand dabei dem Tier entsprechend auf Ihrem Körper, z. B. Oberschenkel oder Arm. Danach erzählen Sie dem Kind, dass das Tier nun gerne auch über seinen Körper kriechen möchte und fragen es, ob es das darf. Stimmt das Kind zu, so sprechen Sie erneut den Vers und kriechen über Arme und Beine des Kindes.

Eine kleine Schnecke

Eine kleine Schnecke,
die kriecht geradeaus.
Sie kriecht und kriecht ganz langsam
und trägt ihr kleines Haus.

Sie kriecht und macht `ne Pause,
ist still und ruht sich aus.
Dreht um und kriecht dann langsam
wieder zurück nach Haus.

Ein Tausendfüßler

Ein Tausendfüßler trippelt schnell
und kommt geschwind hier von der Stell.
Er trippelt über Stock und Stein,
er trippelt heute ganz allein.
Er steht still und läuft geschwind,
dorthin wo seine Freunde sind.

Der Frosch

Hüpf, der Frosch, sitzt auf dem Stein,
quakt und fühlt sich so allein.
Schaut sich um und hüpft umher,
denn das Hüpfen mag er sehr.

Er hüpft, nach hier und da und dort,
sitzt auch mal still an einem Ort.
Nun ist er müde, hüpft nach Haus,
und seine Reise, die ist aus.

Hase Hoppel

Der braune Hase Hoppel,
holt seinem Freund, den Poppel.
Sie hoppeln froh zu zwein,
durch den Sonnenschein.

Sie hoppeln ganz geschwind,
durch den warmen Wind.
Sie ruhn sich auch mal aus
und hüpfen dann nach Haus.

Für ältere Kinder

Variation 1: Sie verändern bei der Wiederholung die Lautstärke oder die Geschwindigkeit der Sprache. So werden die Kinder mit temporalen und verbalen Veränderungen konfrontiert.

Variation 2: Die Kinder spielen den Text mit ihrer Hand und hinterlassen dabei im Sand, im Rasierschaum, in der Erdmatsche oder in der Fingerfarbe Spuren.

Die grasgrüne Krabbelstrecke

Material: frisch gemähtes Gras, Schubkarren, ein Zauberstab (z. B. Ast)

Die Barfüßler sammeln in Schubkarren frisch gemähtes Gras und bauen eine Krabbelstraße. Sie sprechen den Schneckenvers und verwandeln die Kinder in Schnecken. Nun kriechen diese neben- oder hintereinander über die grasgrüne Krabbelstraße, machen sich am Ende ganz klein und schlafen ein. Dann krabbeln sie zurück. Der Vers und das Krabbelspiel werden wiederholt. Danach werden alle wieder in Menschenkinder verwandelt.

Eine klitzekleine Schnecke,
kriecht auf ihrer grünen Strecke,
heute langsam geradeaus
und ist sie erschöpft zu Haus,
dann macht sie sich winzig klein
und schläft ganz zufrieden ein.

Kleine Tropfen wehen daher

ALLES RUND UM DIE BEREICHE WIND, WASSER, REGEN UND SCHNEE

Kleinkinder mögen es, bei Wind und Wetter draußen zu sein. Hier können sie bei Regen, Sonne, Wind oder Schnee viele hautnahe Erfahrungen machen. Daher sind Freiluftaktionen unentbehrlich. Sie lassen jedes Kind aktiv erleben und somit auch aktiv lernen. Erleben Sie gemeinsam mit den Kindern und mithilfe kleiner Impulse die vielfältigen Seiten der Naturelemente!

Vom Winde verweht

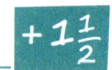

Material: Weidenkorb, dünne Chiffontücher, Krepppapierstreifen, Watte, Blätter und andere leichte Gegenstände

Die Kinder werden an einem Windtag eingeladen, den Wind draußen zu spüren. Sie hören, laufen, hüpfen und springen; dabei pusten und prusten sie selbst wie der Wind. Sie werden eingeladen, sich aus einem Korb leichte Tücher oder Streifen aus Krepppapier zu holen. Durch Bewegungen können sie diese wie im Wind wehen lassen.

Danach holen sie die anderen leichten Gegenstände und können sie durch Pusten in Bewegung bringen. Zum Abschluss wird folgendes Lied nach der Melodie von *Alle meine Entchen* gesungen, die Kinder bewegen sich mit den Tüchern dem Text entsprechend:

> Viele bunte Tücher wehen hin und her, wehen hin und her.
> Fliegen mit dem Wind, das mögen sie so sehr.
>
> Viele bunte Tücher wehen auf und ab, wehen auf und ab.
> Jetzt liegen sie am Boden und sind ein wenig schlapp.

Variation: Das Lied wird mit den Kreppbändern gesungen und gespielt.

Windspuren

Material: langsame klassische Musik, dicke Kordel, Tapetenpapier, flüssige grüne Farbe, Tesakrepp, viele bunte Bänder, Tisch

Die Kinder werden eingeladen, mit Bändern nach langsamer Musik wie der Wind zu tanzen. Danach wird eine Tapete auf den Tisch geklebt. Grüne, dünnflüssige Farbe wird nun mit den Fingern darauf verteilt. Langsame klassische Musik begleitet die kleinen Künstler beim Malen einer Wiese. Anschließend bekommen sie dicke Kordeln, die die „langen Haare" des Windes darstellen. Diese werden mit Musik über die grüne Wiese gezogen und hinterlassen Windspuren.

Variation: Die Kinder bekommen Pinsel für die Spuren.

Der Frühlingswind zieht übers Meer

Material: dicke Strohhalme, Tapetenpapier, flüssige blaue Farbe, Tesakrepp, Schüssel mit Wasser, ein Tisch

Ein Stück Tapetenrolle wird auf den Tisch geklebt. Die Kinder werden eingeladen, das Papier mit Wasser nass zu machen und dann blaue Farbkleckse darauf zu verteilen. Mit ihrem dicken Strohhalm pusten sie in die Farbe und gestalten frei nach ihren Vorstellungen ein Windbild. Dabei sprechen Sie folgende Verse. Die ersten zwei Strophen können beliebig wiederholt werden. Wollen Sie das Spiel beenden, sprechen Sie die letzte Strophe.

Der Frühlingswind zieht übers Meer,
er pustet heute leicht daher.
Er wirbelt langsam rundherum
und pustet dabei alles um.

Der Frühlingswind zieht übers Meer,
er pustet fest nun hin und her.
Er wirbelt ganz schnell rundherum
und wirbelt dabei alles um.

Der Frühlingswind zieht übers Meer,
jetzt ist er müd, er kann nicht mehr.
Die Spuren kann ein jeder sehn,
der Frühlingswind, er will nun gehn.

Ssst, so saust der Sausewind

Material: blaue Decke
Für die Variation: Fliegenklatsche oder Karton

Die Erzieherin sitzt mit den Kindern drinnen oder draußen auf der blauen Decke. Diese symbolisiert die Wolke, in der der Sausewind wohnt. Sie laden die Kinder ein, die Geräusche des Windes nach zu machen.

Danach sprechen Sie folgenden Verse mit einer besonders betonten Sprechmelodie. Die Kinder versuchen, den Laut **Ssst** mitzuvertonen.

Ssst, so saust der Sausewind.
Ssst, heut übers Land geschwind.
Ssst, er rüttelt jeden Baum.
Ssst, holt er ihn aus dem Traum.

Ssst, so saust der Sausewind.
Ssst, heut übers Land geschwind.
Ssst, er rüttelt hier und dort.
Ssst, die Blätter fliegen fort.

Ssst, so saust der Sausewind.
Ssst, heut übers Land geschwind.
Ssst, jetzt macht er eine Pause.
Ssst, dann fliegt er schnell nach Hause.

Variation: Die Kinder stellen Bäume dar. Sie stehen im Raum verteilt während Sie den Sausewind spielen, der sich in Ihnen verfängt. Sie sprechen den Vers gehen um die Bäume, rütteln sie und wedeln mit einer Fliegenklatsche oder einem Karton den Kindern Wind zu.

Pitsch und patsch

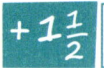

Material: Pipette mit Wasser
Für die Variation: Schwamm

Dieses Spiel ist vor oder nach einer Wickelsituation gut umzusetzbar, da das Kind dann nur leicht bekleidet ist. Sie zeigen ihm die Pipette und tropfen auf Ihre Hand einen Wassertropfen. Dabei sagen Sie immer „pitsch" und „patsch". Dieses wiederholen Sie mehrmals. Dabei beobachten Sie das Kind und signalisieren, dass Sie dieses Spiel auch auf seiner Hand machen möchten. Nun lassen Sie einzelne Wassertropfen auf die Hand und dann auf den Körper des Kindes tropfen und sagen dabei „pitsch" und „patsch". Beobachten Sie dabei das Kind und akzeptieren Sie ein „Nein".

Nun sagen Sie die erste Strophe auf. Bei den Worten pitsch und patsch lassen Sie einen Tropfen auf Hand oder Körper des Kindes fallen. Zum Abschluss sprechen Sie die zweite Strophe und verreiben dabei die Tropfen auf seinem Körper.

> Pitsch und patsch, pitsch und patsch
> der Regen macht die Hände nass.
> Pitsch und patsch, pitsch und patsch
> das macht Spaß.

Hinweis: Die Strophe wird immer wieder wiederholt. Dabei wird jeweils ein anderer Körperteil mit einem Tropfen Wasser verwöhnt.

> Doch kommt die liebe Sonne,
> dann zieht der Regen fort.
> Sie trocknet meinen (deinen) Körper,
> hier und da und dort.

Variation 1: Die Pipette wird durch die Finger ersetzt. Bei der letzten Strophe kann der Körper mit einem Schwamm getrocknet werden.
Variation 2: Bei den Worten pitsch und patsch patschen die Kinder ihre Hände sanft auf die Oberschenkel.

Schüttelmusik und Zauberwasser

Material: transparente Plastikflaschen, mehrere Korken, bunte Krepppapierstreifen, Schüssel, Trichter, Spülmittel, bunte Perlen, Reibe, Messer, Wachsmalstifte

Vorbereitung: Füllen Sie Wasser in eine Schüssel und geben einen breiten Streifen Krepppapier hinein. Jetzt färbt sich das Wasser, das Sie mithilfe eines Trichters in eine Plastikflasche füllen. Damit die Flasche nicht zu schwer wird, sollte sie nur bis zur Hälfte gefüllt werden.

Die gut verschlossene Flasche kann nun hin und her bewegt oder als Schüttelinstrument für die Begleitung von bekannten Liedern eingesetzt werden. Bereits die Kleinsten erfreuen sich an den Bewegungen des bunten Wassers und sind von dessen Eigenschaften fasziniert.

Stellen Sie gemeinsam mit den Kindern weitere Zauberwasserflaschen her und beachten Sie dabei folgende Tipps:
- Mit einigen Tropfen Spülmittel im Wasser bildet sich beim Schütteln Schaum.
- Bunte Perlen in klarem Wasser lassen beim Schütteln schöne Muster entstehen.
- Korkenteile sind leichter als Wasser und schwimmen immer an der Oberfläche.
- Wachsmalspäne in klarem Wasser wirken beim Schütteln der Flasche wie bunter Regen.

Kullertropfenspiele

Material: Musik, pro Kind: viele blaue aufgeblasen Luftballons, ein Kochlöffel und eine Fliegenklatsche

Regentropfen schlagen: Den Ballon mit einem Kochlöffel vorwärts bewegen.

Tropfentennis: Den Ballon mit einer Fliegenklatsche in die Luft schlagen.

Regentropfentanz: Zwei Kinder halten sich fest, klemmen den Ballon vor ihre Bäuche und bewegen sich zu einem Lied.

Tropfen schießen: Bei einem Tropfenfußballspiel kicken die Kinder nach Lust und Laune gegen die Luftballons.

Wassertürme

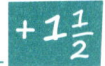

Material: gereinigte Sahne-, Joghurt- und Margarinebecher, verschiedene Nägel, Hammer, Besenstiel, alter Putzeimer, Gips, kleine Wanne

Vorbereitung: Für einen Wasserturm werden zunächst verschieden große Löcher mit dem Hammer in einige Plastikbecher geschlagen. Dann werden diese Becher im Abstand von einigen Zentimetern an einen Besenstiel genagelt. Dieser wird in einen Eimer gestellt, der mit angerührtem Gips gefüllt ist.

Sobald der Gips trocken ist, lässt sich der Wasserturm transportieren und an jedem beliebigen Ort aufstellen. In eine Wanne, die mit Wasser gefüllt ist, wird der Wasserturm gestellt. Dort können die Kinder die weitere Becher mit Wasser füllen und erstaunt beobachten, wie das Wasser von oben nach unten durch die Löcher in das Auffangbecken fließt.

Wichtige Informationen für Wasserspiele
- Lassen Sie die Kinder bitte nie unbeaufsichtigt spielen. Auch niedrige Planschpfützen bergen Gefahren!
- Nehmen Sie für die Wasserspiele stets keimfreies Leitungswasser. Das gebrauchte Wasser können Sie zum Blumengießen weiterverwenden. Erneuern Sie das Wasser täglich.
- Füllen Sie die Wasserbecken und Gefäße stets mit lauwarmem Wasser.

In der Wasserwerkstatt

Material: mehrere Wassertürme (siehe Seite 38), verschiedene Schüsseln, kleine Gießkannen, unterschiedlich große Plastikflaschen, Wasser, große Wasserwanne
Für die Variation: Krepppapier in mehreren Farben

Die Kinder bauen im Waschraum oder draußen auf der Wiese eine Wasserwerkstatt. Dazu werden verschiedene Wassertürme, Schüsseln, Gießkannen und Plastikflaschen aufgestellt. Hier können sie durch Schütten und Gießen vielfältige Erfahrungen machen. Dabei beobachten sie z. B. unterschiedliche Fließarten und probieren mehrer Schüttverfahren aus.

Hinweis: Das Wasser wird in einer großen Wanne aufgefangen und immer wieder benutzt.

Variation: Ein Streifen Krepppapier wird in das Wasser gelegt. Dadurch verfärbt sich das Wasser, fasziniert die Kinder und wird wieder attraktiver.

Was schwimmt oben?

Material: große Wannen oder Planschbecken, 4 Eimer, Steine, Hölzer, Sand, Erde, Gras, Blätter, Baumrinde und andere Naturmaterialien

Die Kinder sammeln auf der Wiese Steine, Hölzer, Sand, Erde, Gras, Blätter, Baumrinde und andere Naturmaterialien. Nacheinander werfen sie die gesammelten Materialien in das mit Wasser befüllte Becken. Dabei beobachten sie, was oben schwimmt und was untergeht.

Variation: Bevor die Kinder einen Gegenstand ins Wasser werfen, raten sie, ob er schwimmt oder nicht. Danach überprüfen sie, ob ihr Tipp richtig war.

Klingende Regentropfen

Material: grüne Decke, blaues Tuch, blaue Luftballons, viele kleine Bastelglöckchen

Vorbereitung: Füllen Sie blaue Luftballons jeweils mit einem Glöckchen, pusten Sie sie auf und verknoten Sie sie fest. Die Luftballons liegen griffbereit in einem blauen Tuch verknotet.

Die Kinder sitzen auf der Wiese oder einer Decke und lauschen folgender Geschichte. Der blaue Beutel mit den klingenden Ballons symbolisiert eine dicke Wolke und liegt griffbereit.

> Es ist ein wunderschöner warmer Tag und die kleine Wasserhexe, die in den Wolken beim Pustewind, Sausewind und dem Regenkönig wohnt, fliegt mit dem Pustewind zur Erde. Doch hier hat sie heute gar nichts zu tun. Faul liegt sie auf der Wiese und schaut in die Sonne. Dabei wird ihr immer heißer. Als sie es nicht mehr aushält, ruft sie den Regenkönig und bitte um einen kleinen Regenschauer.

Sie öffnen das Tuch und die Kinder sehen die blauen Wassertropfen. Jedes Kind nimmt sich einen und begleitet die Geschichte indem es seinen Wassertropfen schüttelt.

> Kaum hat sie das gesagt, da öffnen sich die Wolken und es regnet bunten Tropfen. Es regnet und regnet und die Wasserhexe freut sich. Sie hört dem Regenschauer zu. Sie schaut zu, wie die Regentropfen an ihrem Körper herunterlaufen. Sie schimmern in der Sonne. Sie purzeln, hüpfen und tanzen auf ihrem Körper hin und her. Die Tropfen klingen wunderschön und die Wasserhexe hört wunderschöne Regentropfenmusik. Darüber freut sich die Wasserhexe so sehr, dass sie lange mit den blauen Regentropfen spielt. Doch dann ist sie müde und legt sich auf die Wiese. Auch die Regentropfen sind müde. Sie liegen ganz still in der Pfütze (die Kinder legen die Luftballons auf das blaue Tuch zurück). Leise holt der Pustewind die Wasserhexe wieder in den Himmel. Und die blauen Regentropfen in der Pfütze?

Variation: Die Kinder singen das Regentropfenlied nach der Melodie von *Alle meine Entchen* und tupfen mit dem Ballon über ihren Körper.

> Viele Regentropfen machen mich ganz nass,
> machen mich ganz nass.
> Hüpfen auf und nieder
> und dann ins grüne Gras.
>
> Viele Regentropfen ruhen sich nun aus,
> ruhen sich nun aus.
> Der Pustewind fliegt leise,
> schnell wieder nach Haus.

Der Pustewind

Material: blaue Decke

Die Kinder sitzen draußen oder im Gruppenraum gemeinsam mit Ihnen auf einer blauen Decke (Wolke). Die Kinder schließen die Augen und lauschen. Sie pusten mehrmals kräftig und bitten die Kinder danach, die Augen zu öffnen. Danach laden Sie die Kinder zu folgender Geschichte ein:

> Der Pustewind wohnt in einer dicken Wolke. Wenn er viel Wind auf die Erde schicken will, dann setzt er sich auf die große Wolke und schaut auf die Erde. Dort, wo man ihn braucht, da pustet er nun ganz fest. Er pustet Wäsche trocken, pustet den Tieren frischen Wind zu, pustet stark und bringt die Haare der Menschen durcheinander, pustet erneut und lässt die Gräser tanzen. Dann pustet er noch einmal kreuz und quer über Wiesen und Felder, pustet über die Dächer und pustet über einen kleinen See. Danach ist der Wind müde. Er legt sich in seine Wolke und schläft. Auf der Erde ist es nun angenehm kühl und oben im Himmel ganz, ganz leise.

Die kleine Wasserhexe

Material: Gießflaschen oder Gießkannen, Wanne, Wasser, Klangschale
Für die Variation: pro Kind eine Gießkanne mit Wasser

Vorbereitung: Stellen Sie eine Wanne nach draußen und füllen Sie sie mit Wasser.

Gehen Sie mit den Kindern nach draußen auf die Wiese und suchen einen schönen Platz, auf dem sie gemeinsam die Wolken beobachten können. Sie erinnern die Kinder an den Pustewind (siehe Seite 40 und 41) und an den Sausewind (siehe Seite 35) die alle in einer Wolke wohnen. Danach erzählt sie den Kindern die folgende Geschichte von der Wasserhexe, die auch in einer Wolke wohnt.

Oben beim Pustewind und Sausewind wohnt gleich nebenan in einer Wolke die Wasserhexe. Sie ist eine gute Freundin vom Regenkönig. Wenn dieser krank oder müde ist, dann muss die Wasserhexe für den Regenkönig den Regen machen. Sie holt die vielen großen und kleinen Gießflaschen des Regenkönigs, füllt sie mit Wasser, lässt sich vom Sausewind auf die Erde bringen und gießt dort die Blumen, das Gras, den Sand, die Erde und manchmal sogar die Häuser und Straßen. Diese Arbeit macht der Wasserhexe viel Spaß. Wenn alles auf der Erde nass ist, bringt der Pustewind sie zurück in ihre Wolke. Dort legt sie sich hin und ruht sich aus.

Variation 1: Sie schlagen leicht die Klangschale an und verwandeln die Kinder in kleine Wasserhexen. Nun können sie eine Gießflasche oder Kanne mit Wasser füllen und die Blumen oder das Gras gießen. Auch der Sand oder der Asphalt auf dem Spielplatz können gegossen werden. Mit nackten Füßen laufen sie durch das feuchte Gras und über den feuchten Asphalt.

Ein Regentropfen groß und schwer

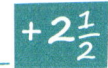

Material: großer blauer Partyballon, kleiner Luftballon, Fahrradpumpe

Für die Variation: Klangschale

Vorbereitung: Ein kleiner Luftballon wird mit Wasser gefüllt und fest verknotet. Dieser Wasserballon wird in den großen Partyballon gesteckt. Dieser wird aufgeblasen und fest verknotet. Der Riesenballon rollt dadurch sehr unregelmäßig.

Sie zeigen den Kindern den riesigen Regentropfen. Die Kinder können zunächst frei damit spielen. Dadurch lernen sie seine Eigenschaften kennen. Nach dieser freien Spielphase wird ein Sitzkreis mit Matten gelegt. Sie holen den Riesenballon in die Mitte und sprechen die erste Strophe und kullern ihn dabei ein wenig hin und her. Sie sagen den Namen eines Kindes, rollen ihm den Ball zu und wiederholen die erste Strophe, während das Kind den Ball vor sich hin und her rollt. Am Ende der Strophe nehmen Sie den Ball wieder an sich und geben ihn einem anderen Kind. Die erste Strophe wird in dieser Form so oft wiederholt, bis alle Kinder den Ball einmal rollen konnten. Abschließend wird die zweite Strophe gesprochen.

Ein Regentropfen, groß und schwer,
kullert immer hin und her.
Er liegt ganz still und schaut umher
und kullert wieder hin und her.

Ein Regentropfen, groß und schwer,
kullert immer hin und her.
Er liegt ganz still und ruht sich aus
und kullert langsam nun nach Haus.

Variation: Danach legen sich die Kinder, verteilt im Raum, auf den Boden. Durch das Klangschalensignal werden sie in Riesentropfen verwandelt. Nun sprechen Sie die Strophen, während sich die Kinder auf dem Boden hin und her kullern.

Schwimmende Regentropfen

Material: Planschbecken, Wasser, blaue Luftballons, Luftpumpe

Vorbereitung: Ein Planschbecken wird mit Wasser gefüllt und mehrere blaue Luftballons werden aufgeblasen.

Sie laden die Kinder ein, sich um das Wasserbecken zu versammeln. Dann legen Sie einen blauen Luftballon auf das Wasser und bitten die Kinder, ihn durch Pusten in Bewegung zu bringen. Danach erzählen Sie ihnen die folgende Geschichte. Sobald Sie den Namen Regentropfen sagen, bringen die Kinder den Luftballon durch Pusten in Bewegung.

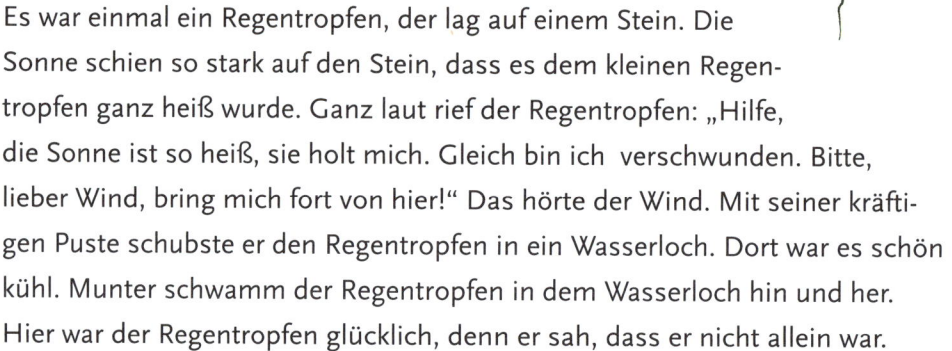

> Es war einmal ein Regentropfen, der lag auf einem Stein. Die Sonne schien so stark auf den Stein, dass es dem kleinen Regentropfen ganz heiß wurde. Ganz laut rief der Regentropfen: „Hilfe, die Sonne ist so heiß, sie holt mich. Gleich bin ich verschwunden. Bitte, lieber Wind, bring mich fort von hier!" Das hörte der Wind. Mit seiner kräftigen Puste schubste er den Regentropfen in ein Wasserloch. Dort war es schön kühl. Munter schwamm der Regentropfen in dem Wasserloch hin und her. Hier war der Regentropfen glücklich, denn er sah, dass er nicht allein war.

Legen Sie nun viele blaue Ballons auf das Wasser und erzählen den Schlussteil der Geschichte.

> Viele Regentropfen schwammen mit ihm in diesem Wasserloch. Von dem Tag an hatte der Regentropfen ganz viele Freunde. Der Wind kam oft und pustete auf das Wasser. Dann schwammen viele Regentropfen hin und her und rundherum. Erst als der Wind verschwunden war, lagen sie ganz still im Wasserloch.

Schaumiger Schnee

Material: großer Spiegel, haut- und augenfreundlicher duftfreier Rasierschaum, Murmeln, Schwämme, mehrer Plastikteller, kleine Stöckchen, Igelbälle, Kämme

Spiegelkunst: Eine ausgedienter Flurspiegel wird auf den Boden gelegt. Dieser wird mit Rasierschaum bedeckt. Nun malen die Kinder nach Belieben mit ihren Händen und können sich dabei im Spiegel beobachten.

Schaumschätze suchen: Sie legen auf einen Teller einige kleine Murmeln. Diese bedecken Sie mit viel Rasierschaum. Die Kinder können die Murmeln nun aus dem Schaum suchen.

Schaummalerei: Die Kinder malen mit einem Schwamm Schaumbilder auf einen Spiegel. Sie malen mit Stöcken, Igelbällen oder Kämmen Spuren in den Schaum.

Winterliche Experimentierspiele

Material: Schnee, Einmachgläser, bunte Murmeln, Steine, Kastanien, kleine Spielzeuge, unterschiedlich warmes und kaltes Wasser, Kühlakku, Wärmflasche, Tennisball, kleine Schüsseln

Überraschungsgläser: Sie füllen mehrere Einmachgläser mit Schnee und verstecken darin kleine Naturmaterialien, bunte Kugeln, kleine Spielzeuge usw. Diese Gläser werden draußen auf eine Bank gestellt. Nun können die Kinder täglich schauen und raten, welche Überraschung im Schnee versteckt ist. Wenn dieses Experiment schnell zum Ergebnis führen soll, werden die Gläser im Raum auf die Fensterbank gestellt.

Kalt und warm: Die Kinder bekommen Kühlakkus, Wärmflaschen und kleine Schüsseln mit unterschiedlich warmem und kaltem Wasser. Sie können nun den Kälteunterschied wahrnehmen und beliebig mit dem Material experimentieren.

Eiskalte Geschicklichkeitsspiele

Material: Schnee, Tennisball, Schale, Plastikfolie, viele bunte Eiswürfel, Lebensmittelfarbe, Gefrierbeutel, Folienschweißgerät, Naturmaterialien

Werfen, suchen, finden: Sie werfen einen Tennisball (oder mehrere) in den Schnee. Die Kinder verfolgen die Flugbahn und suchen den Tennisball im Schnee.

Eiswürfel fangen: Viele bunte Eiswürfel (gefärbt mit Lebensmittelfarbe), werden auf eine Plastikdecke gelegt. Die Kinder sollen diese glitschigen Eisstücke nun mit den Händen fangen oder versuchen, sie aufzuheben und in eine Schale zu legen.

Eiswürfel rutschen: Sie färben mit Lebensmittelfarbe Wasser und machen daraus Eiswürfel. Diese werden auf eine Plastikfolie gelegt. Alle Kinder fassen die Folie an, halten sie hoch und schwenken sie leicht hin und her, sodass alle Würfel rutschen.

Eisbeutel rutschen: Sie füllen kleine Gefrierbeutel mit buntem Wasser, verschließen sie dicht und lassen sie gefrieren. Nun können die Kinder die Beutel über die ausgebreitete Plastikdecke rutschen lassen.

Spuren im Schnee: Die Kinder ziehen mit ihren Füßen, Händen, Stöcken oder Bällen Spuren in den Schnee.

Schneebilder: Sie füllen in eine Spritzflasche verdünnte Fingerfarbe. Damit malen die Kinder bunte Bilder und Zeichen in den weißen Schnee.

Im Land der Schneeberge: Die Kinder bauen allein oder gemeinsam eine Winterlandschaft mit vielen Schneebergen und schmücken sie mit Naturmaterialien.

Von Sandburgen und Erdhaufen

KREATIVE SPIELE MIT SAND UND ERDE

Matschen und kneten, Sandburgen bauen, sich im Sand einbuddeln und viele andere hautnahe Körpererfahrungen machen Sand und Erde sehr vielfältig und erlebnisreich. Die Auseinandersetzung mit vielfältigen Materialien und das Erleben der unterschiedlichen Eigenschaften stärken gerade Kleinkinder in ihren Kompetenzen. Daher sollte viel Freiraum für das Erkunden der Naturmaterialien gegeben werden.

Sanderfahrungsspiele

Material: aufblasbare Planschbecken, gesäuberte Verpackungsmaterialien, Dosen, Schüsseln, Sandeimer, Becher, feinkörniger Sand, Wasser

Das Füll- und Ausschüttspiel: Alle Kinder lieben das freie Füll- und Ausschüttspiel. Sie brauchen lediglich gereinigte Verpackungsmaterialien, Sandeimer, Dosen, Schüsseln oder Becher dazu.

Spuren im Sand: Die Kinder befeuchten den Sand mit Wasser. Dann hinterlassen sie mit Händen und Füßen Spuren im Sand. Auch mit Spielzeugautos, Stöcken, Kugeln oder Kämmen können sie interessante Spuren ziehen.

Verstecken und entdecken: In den Sand werden die unterschiedlichsten Dinge versteckt. Diese können die Kinder suchen, um sie dann wieder zu verstecken.

> **Nur Mut!**
> Eine Kindheit ohne Sanderfahrungen ist undenkbar. Auf allen Spielplätzen gibt es heute große Sandflächen statt Sandkästen. Nutzen Sie dieses natürliche Material und lassen Sie die Kinder auch mal „unverpackt", d.h. ohne Matschkleidung und Stiefel in den Sand, denn nur so können sie ganzheitliche Erfahrungen sammeln.

Das Rieselspiel

Material: feinkörniger Sand, ein Planschbecken

Das Kind sitzt mit Badehose bekleidet in einem Planschbecken, das mit feinem sauberen Sand gefüllt ist. Nach einer Zeit der freien Spielphase, spielen Sie mit. Sie rieseln sich Sand über die Hand und sprechen folgenden Vers. Dabei beobachten Sie das Kind. Nach einigen Wiederholungen dieser Strophe signalisieren Sie, dass Sie das Kind auch mit Sand berieseln möchten. Willigt es ein, berieseln sie zunächst nur die Hand des Kindes. Später dann vielleicht andere Körperteile. Die ersten drei Strophen können beliebig oft wiederholt werden. Wenn das Spiel beendet werden soll, wird die letzte Strophe gesprochen.

> Viele Körner rieseln leise,
> rieseln sanft, komm schau mal her.
> Sie machen eine Körperreise,
> du willst davon bestimmt noch mehr.

> Rieseln über Fuß und Beine,
> rieseln über deinen Bauch.
> Rieseln über deine Arme,
> über deinen Rücken auch.

> Viele Körner rieseln leise,
> rieseln sanft, du magst das sehr.
> Vorbei ist nun die Körperreise,
> du bekommst bald davon mehr.

Matschen und formen

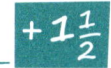

Material: aufblasbares Planschbecken, warmes Wasser, Sand
Für die Variationen: gesäuberte Verpackungsmaterialien, Becher, Töpfe, Trichter, Kämme, Spielzeugautos, Kugeln, Stöcke

Der Sand wird mit reichlich warmem Wasser vermischt. Eine Sandmatschmasse entsteht. Die Kinder knien vor dem Becken (oder sitzen in dem Becken) und können frei matschen, kneten und vieles mehr. Besonders viel Freude macht es, wenn sie nicht nur mit den Händen, sondern auch mit den Füßen matschen können.

Variation 1: Unterschiedliche Gefäße, Stöckchen, Sandschaufeln, Löffel und Trichter werden zur Verfügung gestellt. Damit können die Kinder frei mit der Matschmasse experimentieren.

Variation 2 für draußen: Ein Kind wird mit einer warmen Sandmasse zugedeckt. Es kann sich danach selbst befreien und wird mit warmem Wasser abgespritzt. Diese warme Decke aus Sandmatsche gibt dem Kind ein angenehm behütetes Gefühl.

Erdtorte backen

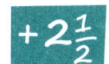

Material: saubere Erde, Wasser, Pappteller, Wanne

Heute backen Sie mit den Kindern eine besondere Torte für die Erdmännchen. In der Erdbackstube (Wiese oder Waschraum) wird in einer Wanne mit Wasser und Erde ein Erdteig angerührt. Die Kinder formen aus dem festen, dicklichen Brei kleine Kugeln. Dann holen Sie den Pappteller und erstellen darauf mit den Kindern eine hohe Schichttorte. Dafür werden die Kugeln kreisförmig aufeinandergelegt.

Variation: Die Kinder formen aus dem Erdbrei fantasievolle Erdplätzchen, Erdbrote, Erdbrötchen und eröffnen dann eine eigene Erdbäckerei.

Der Sandbausteinturm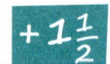

Material: Nähzeug, pro Sandbaustein: ein Waschlappen und Sand

Vorbereitung: Sie füllen gemeinsam mit den Kindern die Waschhandschuhe mit Sand und nähen sie zu.

Viele bunte Sandbausteine liegen in der Mitte. Nacheinander nehmen die Kinder einen Stein und bauen gemeinsam einen Turm. Die Steine werden so lange aufeinandergestapelt, bis der Turm umfällt.

Torwandzielen mit Sandbällen

Material: große Pappe (von alten Kartons), Schere, Paketband, pro Sandball: ein Luftballon und Sand
Für die Variation: alte Regenschirme oder Eimer

Vorbereitung: Sie blasen zunächst einen Luftballon auf und lassen die Luft wieder entweichen. Dann stecken Sie in das Mundstück des Luftballons einen Trichter und halten ihn fest. Das Kind befüllt

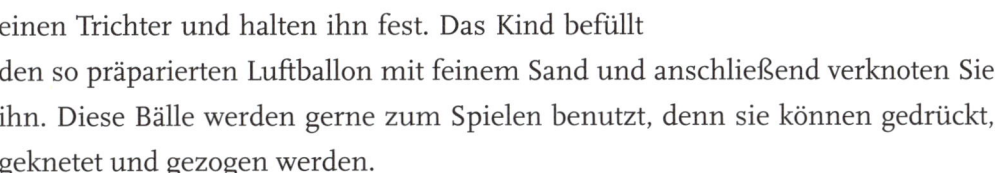

den so präparierten Luftballon mit feinem Sand und anschließend verknoten Sie ihn. Diese Bälle werden gerne zum Spielen benutzt, denn sie können gedrückt, geknetet und gezogen werden.

In die Pappen werden Löcher geschnitten. Diese Pappwände werden an einen Baumstamm gehängt. Die Kinder versuchen, die Sandbälle durch die Löcher zu werfen.

Variation: Alte Regenschirme (oder Eimer) hängen an einem Baum. Nacheinander versuchen die Kinder, ihre Sandbälle in die offenen Schirme zu werfen.

Sandflaschenzielwerfen

Material: gleich volle und große Sandflaschen, Sandbälle (siehe Seite 51)

Vorbereitung: Mehrere Plastikflaschen werden von den Kindern mit Sand gefüllt und stehen anschließend zum Flaschenkegeln oder Flaschenschießen bereit. Die Sandbälle werden wie auf Seite 51 beschrieben hergestellt.

Die Kinder stellen mehrere Sandflaschen auf eine Bank und versuchen, diese mit den Sandbällen umzuwerfen.

Variation: Die Sandflaschen sind unterschiedlich groß und unterschiedlich voll gefüllt. Die Kinder versuchen die Flaschen mit den Sandbällen umzuwerfen, dabei wird ihre Kraftdosierung verstärkt auf die Probe gestellt.

Aus hoch mach platt

Material: Wasser, Sand, pro Kind: eine Schaufel und eine Gießkanne
Für die Variation: Sandförmchen

Die Kinder bauen gemeinsam einen Sandberg. Anschließend holt sich jedes Kind in einer Gießkanne Wasser und gießt von oben Wasser auf die Bergspitze. Dabei beobachten sie, wie der Berg langsam zerrieselt und allmählich immer flacher wird.

Variation: Jedes Kind baut einen eigenen Sandberg und berieselt ihn mit Wasser. Welcher Berg ist als erster platt?

Der Pfützenmarsch

Material: Wasser, pro Kind eine Schaufel und ein Eimer

Sie zeichnen einen Kreis in den Sand und graben mit den Kindern auf dieser Linie viele Löcher. Wichtig ist, dass die Löcher jeweils nur einen kleinen oder großen Schritt voneinander entfernt sind. Die Löcher füllen die Kinder mit Wasser. Nun können sie barfuß von Pfütze zu Pfütze gehen, bis das Wasser versickert ist. Dann holen sie neues Wasser und der Spaß beginnt von vorne.

Variation: Die Kinder graben gemeinsam eine lange Rinne. Dort schütten sie Wasser hinein und dann watscheln alle gemeinsam wie Tausendfüßler hintereinander durch die Rinne.

Glasgarten

Material: altes Aquarium mit Glasplatte zum Abdecken, Kies, Blähton, Humuserde, Steingartenpflanzen, Farn

Vorbereitung: Gehen Sie mit einer Kleingruppe in eine Gärtnerei und besorgen dort die o. g. Materialien.

Zunächst wird das große Glasgefäß mit einer Schicht Kies bedeckt. Darüber kommt eine Schicht Blähton, der die Feuchtigkeit im Glas reguliert. Jetzt folgt eine dicke Schicht Humuserde, die mit ein wenig Wasser leicht befeuchtet wird – es darf kein Matsch entstehen. Nun werden die Pflanzen gesetzt. Wichtig ist, dass alle Pflanzen genügend Platz haben und ausreichend Licht erhalten. Jetzt werden die Glaswände von innen gesäubert und die Pflanzen mit einem Wasserzerstäuber besprüht. Damit der Glasgarten fest verschlossen ist und sich der Wasserhaushalt allein regeln kann, wird er mit einer Glasscheibe bedeckt. Zum Schluss erhält der Garten einen hellen Standort ohne direkte Sonneneinstrahlung, wo die Kinder gut das Wachstum und die Veränderungen im Glasgarten jederzeit beobachten können

Sandbilder freipusten

Material: dicke Pappen, in der Größe eines Schuhkartons, feiner trockener Sand, große Folie, Tesakrepp, Tierbilder (Hund, Vogel, Schmetterling), Tische, pro Kind ein Strohhalm

Vorbereitung: Auf Pappen werden große Bilder von den o. g. Tieren geklebt. Der Boden wird mit einer großen Folie ausgelegt, die mit Tesakrepp an den Enden festgeklebt wird. Darauf liegen die Tierkarten, die mit Sand bestreut werden. Die Motive dürfen nicht erkennbar sein.

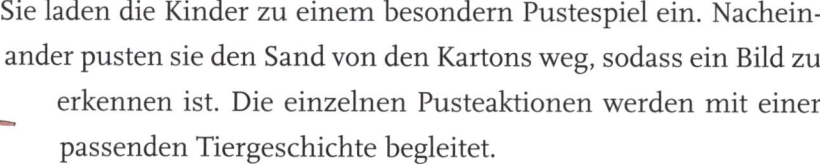

Sie laden die Kinder zu einem besondern Pustespiel ein. Nacheinander pusten sie den Sand von den Kartons weg, sodass ein Bild zu erkennen ist. Die einzelnen Pusteaktionen werden mit einer passenden Tiergeschichte begleitet.

Variation: Diese Pustespiele werden auf mehrere Tage verteilt. Immer wird ein Bild freigepustet und dazu die passende Geschichte erzählt.

Der faule Hund

Ein kleiner Hund hatte einen Lieblingsplatz, der Sandberg vor dem Haus. Jeden Tag lag er faul im feinen Sand und schlief. Sogar zum Fressen stand er nicht auf. Sein Herrchen musste ihm jeden Tag das Fressen zum Sandberg bringen. An einem grauen Tag kam ein heftiger Wind auf und wehte den faulen Hund mit Sand zu. Nur seine Schnauze, seine Augen und Ohren waren noch zu sehen. Bellend wühlte er sich aus dem Sand, stand auf, schüttelte sich und lief davon. Von dem Tag an lag er nicht mehr im Sand, sondern auf der Wiese vor seiner Hundehütte und ging zum Fressen ins Haus.

Der immer hungrige Vogel

Ein kleiner Vogel lebte in einem Baum, der auf einer Wiese ganz in der Nähe eines kleinen Badesees stand. Dort flog der kleine Vogel jeden Morgen hin, denn im Sand fand er immer seine Lieblingsspeise – Sandwürmer. Die pickte er mit seinem Schnabel aus dem Sand und verspeiste sie. Auch andere Leckereien tummelten sich im Sand. Käfer, kleine Schnecken und manchmal auch kleine Fische, die vom Wasser in den Sand gespült wurden. Hier war es schön, denn hier wurde er satt. Erst am Abend flog der kleine Vogel zurück in seinen Baum. Satt und zufrieden schlief er ein. Doch sobald die Sonne ihn weckte und sein kleiner Magen knurrte, flog er zurück zu seinem Sandplatz, um neues Futter zu suchen.

Der Schmetterling und seine Freunde

Mitten auf einem großen Sandberg wuchsen wunderschöne rote, gelbe und weiße Blumen. Dieser Sandberg war der Lieblingsplatz des Schmetterlings. Hier kam er hin, wenn er sich von seinem langen Flug erholen wollte. Doch er war hier nicht alleine. Er hatte viele Freunde. Es waren auch Schmetterlinge, die auf dem Sandberg eine Pause machten. Hier waren so viele Blumen, dass jeder Schmetterling eine eigene hatte, auf der er sich ausruhen konnte. In der Mittagssonne saßen sie da und wärmten ihre Flügel. Nach einer längeren Pause flog dann ein Schmetterling nach dem anderen fort und die Blumen auf dem Sandberg warteten dann bis zur nächsten Mittagspause auf ihre Freunde.

Forschungsstation Erde

Material: Sandschaufeln, Eimer, leere Gläser, Kanister mit Wasser, Handtücher, Schüsseln, Stöckchen, Gießkannen, Siebe, Tisch(e)

Vorbereitung: Sie besorgen in einer Schubkarre Gartenerde und untersuchen sie nach gefährlichen Gegenständen. Die natürliche „Erdzutaten" wie Steine, Wurzeln kleine Äste und Zweige bleiben in der Erde.

Draußen oder in einem Raum (z. B. Waschraum) richten Sie für die Kinder eine Forschungsstation ein. Alle Materialien werden bereitgestellt und die Kinder untersuchen, erforschen und entdecken die Eigenschaften der Erde. Gemeinsam werden unterschiedliche Erdarbeiten durchgeführt.

Beispiele für Erdarbeiten:
- Erde mit den Fingern zerreiben
- Erde durch die Finger rieseln lassen
- Erde mit Wasser zu Fließerde formen
- Erdspuren mit Fingern, Füßen und Stöckchen ziehen

Die Sandturmstadt

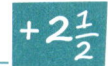

Material: viele Eimer, Dosen oder Becher, Sand, Wasser, große Wanne, pro Kind eine Schaufel

Die Kinder holen Sand und rühren in der Wanne mit Wasser einen Sandteig an. Damit füllen sie die verschiedenen Gefäße und drücken den Sand fest. Gemeinsam suchen sie einen festen Untergrund, z. B. die Sandkastenumrandung, eine Bank, einen Tisch oder den Asphalt. Dort stürzen sie ihre gefüllten Eimer um und schon haben sie eine Sandturmstadt. Ihre Türme schmücken sie mit Ästen, Zweigen, Blättern oder trockenem Rieselsand.

Variation: Sie bauen gemeinsam ein Sandturmschloss, in der die Sandkönigin wohnt. Die Geschichte kann zum Abschluss erzählt werden.

In einem Schloss aus Sand lebte einmal eine wunderschöne Sandkönigin. Jeden Tag ging sie durch ihre vielen Zimmer, ging um das Schloss herum und bestaunte es. Eigentlich konnte die Sandkönigin glücklich sein. Doch sie war traurig, denn sie war allein. Jeden Abend saß sie vor dem Schloss und fühlte sich sehr traurig. Eines Tages, als sie wieder traurig vor ihrem Schloss saß, kam auf einem Pferd ein Reiter vorbei. Er blieb stehen und bewunderte das Schloss der Sandkönigin. Als er sah, dass sie traurig war, sagt er: „Warum bist du so traurig, du hast doch ein so schönes Schloss?" „Ja", sagte die Prinzessin „aber ich fühle mich sehr allein hier." „Soll ich bei dir bleiben", fragte sie der Reiter. Die Prinzessin lachte und sagt: „Ja, darüber wäre ich sehr froh." Von diesem Tag an lebten sie zusammen in dem wunderbaren Schloss und waren von da an sehr glücklich.

Auf der Suche nach Erdschätzen

Material: Sandschaufeln, Eimer, leere Gläser, Kanister mit Wasser, Handtücher, Bollerwagen

Vorbereitung: Suchen Sie in Ihrer Nähe einen Hügel oder ein Feld, wo die Kinder in der Erde buddeln können.

Sie laden die Kinder zu einem besonderen Spaziergang ein. Es geht an einen Ort, an dem sie Erdarbeiter sein können. Ein Bollerwagen wird mit den o. g. Materialien befüllt und dann können die Erdarbeiter sich auf den Weg machen. Am Ziel angekommen, wird nun gebuddelt und nach Schätzen gesucht. Mit ihren Händen als Schaufeln beginnen sie zu buddeln, zu sammeln und zu sortieren. Für tiefere Löcher können Schaufeln genommen werden. Die gefundenen Erdschätze können in Gläser gefüllt und mit in den Kindergarten genommen werden. Dort wird ein Erdmuseum eingerichtet (z. B. Regalwand, in dem die Schätze aufbewahrt werden). Die Erdhände können vor Ort mit dem Wasser aus dem Kanister gereinigt und den Handtüchern getrocknet werden.

Variation: Die Kinder schütten die Schätze aus ihren Eimern in den Bollerwagen, drehen ihre Eimer um und setzen sich darauf. Die Erzieherin erzählt ihnen eine Erdmännchengeschichte.

> Weit weg von hier, in einem fremden Land, leben kleine Tiere. Sie heißen Erdmännchen und wohnen in einem Bau unter der Erde. Die Erdmännchen sind ganz flink und sie fressen gerne kleine Käfer und andere kleine Tiere, die sie in der Erde finden. Sie leben immer in einer Familie mit vielen Erdmännchen zusammen und sind selten allein.
>
> Eines Tages machte eine Erdmännchenfamilie einen Ausflug. Sie wollten eine andere Erdmännchenfamilie besuchen. Schon früh am Morgen gingen sie los. Sie liefen über Waldwege, Wiesen und Felder und endlich waren sie am Ziel. Den ganzen Tag waren sie zusammen und hatten sehr viel Spaß. Sie suchten gemeinsam Futter, spielten Verstecken und Fangen und am Abend verabschiedeten sie sich voneinander. Jede Familie ging zurück in ihre Wohnung und schlief dort müde, aber sehr zufrieden ein.

Säen und pflanzen

Material: mehrere Tomatenkisten, Pflanzerde, Salat- und Kräuterpflanzen oder -samen, Blumenpflanzen oder -samen, Grassamen, abgetrennte Wiesenschicht, Moos, Beetsteine (erhältlich in Gärtnereien oder Baumärkten), Folie, Schere, Tische, Eimer mit angerührtem Kleister

Vorbereitung: Stellen Sie mehrer Tische draußen oder in einem freien Innenraum auf und legen Sie das o. g. Arbeitsmaterial bereit.

Sie gehen mit den Kindern in den dafür vorbereiteten Raum oder nach draußen und laden sie zum gemeinsamen Säen und Pflanzen ein. Zusammen mit den Kindern bereiten Sie Kästen vor. In Folie werden kleine Löcher geschnitten, um damit die Tomatenkisten auszulegen. So werden Fühl- und Saatkisten hergestellt.

Saat- und Pflanzkisten: Beliebig viele Kisten werden gemeinsam mit den Kindern mit Gartenerde gefüllt und mit Blumensamen oder -pflanzen, Kräutersamen oder -pflanzen und Salatpflanzen befüllt. Nun müssen die Samen einige Tage ruhen, bevor die Kinder ihren Erfolg sehen können. Gießen und Pflegen ist in den nächste Wochen ihre Aufgabe.

Fühlkisten: Beliebig viele Kisten werden mit einer Schicht Moos, Grassamen, einer abgetrennten Wiesenschicht oder einer Erde-Kleister-Mischung gefüllt, in die die Beetsteine gedrückt werden. Diese Kisten können mit den Händen und den Füßen erfühlt werden.

Regenwürmersuchspiel

Material: leeres Einmachglas, ein großes Glasgefäß, pro Kind ein Eimer und eine Schaufel, großes Glasgefäß (altes Aquarium), Grasflecken

Nach einem Regentag gehen Sie, ausgestattet mit Eimern und Schaufeln, mit den Kindern auf die Wiese. Dort suchen sie etwas, was mit dem folgenden Rätsel aufgelöst wird.

> Er kriecht durch Sonne und auch Sturm,
> es ist ein langer dünner ...   *(Wurm)*.

Nun macht sich jedes Kind mit einer Schaufel und einem Eimer auf die Suche nach Regenwürmern. Ein großes Glasgefäß (altes Aquarium) wird mit Gartenerde gefüllt und mit Grasflecken abgedeckt. Darauf legen die Kinder vorsichtig ihre gefundenen Regenwürmer. Mit etwas Geduld können sie beobachten, wie sich die Würmer erst in die Erde graben und dann wieder herauskriechen.

Variation 1: **Regenwurmlied**   *Melodie: Ein Männlein steht im Walde*

> Der Regenwurm, der kriecht heute leis daher,
> über Stock und Stein, ja das mag er sehr.
> Der Regenwurm, ganz braun und klein, kriecht nun in die Erde rein,
> liegt dort still und träumt von dem Sonnenschein.
>
> Doch kommt die liebe Sonne, dann kriecht heraus,
> der Regenwurm aus seinem dunklen Haus.
> Kriecht nun über Stock und Stein, er ist heute ganz allein,
> ist er dann ganz müde, so schläft er ein.

Variation 2: Das Lied eignet sich für ein Spurenspiel. Mit einem Stöckchen wird in Erde, Sand oder in Rasierschaum eine Regenwurmspur gezogen.

Schneckenterrarium

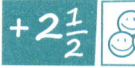

Material: altes Aquarium (alternativ große Glasblumenvase), Kies, lockere Gartenerde, einige Steine, Stück ausgestochener Wiesen- oder Moosboden, 2 Schnecken, Salatblatt

Vorbereitung: Gemeinsam mit den Kindern bauen Sie ein Schneckenbeobachtungsglas. Der Boden eines alten Aquariums wird mit Kies bedeckt. Darauf kommt eine dicke Schicht lockere Erde. Dann werden einige Steine auf dem Boden verteilt. In eine Ecke des Terrariums wird ein Stück ausgestochener Wiesen- oder Moosboden gesetzt. Das Terrarium muss stets feucht gehalten werden, darf aber niemals nass werden.

Nun beginnt das Abenteuer für die Kinder, denn zwei Schnecken beziehen ihr neues Zuhause. Das Terrarium ist auch schon für die Kleinsten ein ganz besonderer Anziehungspunkt, denn hier können sie die Schnecken jeden Tag bei der Arbeit beobachten und immer wieder etwas Neues entdecken. Geben Sie nach Bedarf 1 Salatblatt als Futter hinzu und setzen die Schnecken nach wenigen Tagen wieder in ihre gewohnte Umgebung.

Variation: **Schneckenlied** *Melodie: Hopp, hopp, hopp, Pferdchen lauf galopp*

Kriech, kriech, kriech, kleine Schnecke kriech.
Krieche heut von hier nach dort,
such dir einen schönen Ort.
Kriech, kriech, kriech, kleine Schnecke kriech.

Kriech, kriech, kriech, kleine Schnecke kriech.
Kriech, ich schau dir dabei zu,
kriech, doch mach es ganz in Ruh.
Kriech, kriech, kriech, kleine Schnecke kriech.

Kriech, kriech, kriech, kleine Schnecke kriech.
Kriech zurück ins Schneckenhaus,
schlaf dich dort ganz lange aus.
Kriech, kriech, kriech, kleine Schnecke kriech.

Erdfarbe

+3

Material: 150g Mehl, 1/2 Liter kaltes Wasser, ein Liter kochendes Wasser, Schüssel, Topf, Schneebesen, Sieb, Erde, Gläser, Tapeten, Stöckchen, Blätter

Vorbereitung: Sie geben 150g Mehl mit einem halben Liter kaltem Wasser in eine Schüssel und rühren die Masse mit dem Schneebesen um. Rühren Sie so lange, bis keine Klumpen mehr zu sehen sind. Ein Liter Wasser wird in einem Topf zum Kochen gebracht. Danach wird der Mehlteig in diese Wasser gegeben und immer wieder verrührt. Die Masse wird drei Minuten lang gekocht und dabei mit dem Schneebesen verrührt.

Dann lassen Sie die Masse ungefähr fünf Minuten abkühlen. Währenddessen sieben die Kinder die Erde in die Schüssel. Zum Schluss wird diese Erde in den Mehlteig hinzugegeben. Jetzt sollte eine dickflüssige Farbe entstanden sein.

Die Kinder malen mit kleinen Stöckchen oder Blättern fantasievolle Erdbilder auf die Tapete. Diese werden getrocknet und in einer Ausstellung ausgehängt.

Hinweis: Vorsicht, der Mehlteig brennt leicht an und die Masse kann spritzen!

Auf der Matschbaustelle

+3

Material: Erde, Wasser, 2 Stöcke, eine große Wanne (oder mehrere Eimer), eine Bank

Gemeinsam mit den Kindern vermischen Sie in der Wanne Wasser und Erde, bis ein erdiger Brei entsteht. Die Erzieherin markiert mit zwei Stöcken die Wegstrecke zur Baustelle. Von der Matschwanne aus transportieren die Kinder nun die Baumasse zur Bank. Gemeinsam bauen alle Kinder auf der Bank einen Berg für die Erdmännchen auf.

Meine kleine Schnecke

Material: viele kleine Schneckenhäuser (auch aus dem Dekoladen), pro Kind ein Kissen
Für die Variation: pro Kind ein Kissen oder Sandsäckchen

Vorbereitung: Die Schneckenhäuser verbuddeln Sie im Sand, in der Erde oder auf der Wiese.

Sie sitzen mit den Kindern auf den Kissen im Kreis und erzählen, dass Sie Schnecken gesammelt haben. Jedoch sind sie heute Nacht alle weggelaufen. Gemeinsam suchen Sie mit den Kindern nach den verloren gegangenen Schnecken.
Sie gehen mit den Kindern zu dem Ort, wo Sie die Schnecken vermuten, und lassen die Kinder die Schneckenhäuser ausbuddeln. Die sind jedoch leer! Vielleicht sind die Schnecken ausgewandert und haben ihr Schneckenhaus hier gelassen. Sie legen ein Schneckenhaus auf ihre Hand und singen folgendes Lied.

Melodie: Alle meine Entchen

Meine kleine Schnecke kriecht geradeaus, kriecht geradeaus,
trägt auf ihrem Rücken ihr ganz schweres Haus.

Meine kleine Schnecke macht sich nun ganz klein, macht sich nun ganz klein,
will jetzt etwas schlafen und kriecht ins Haus hinein.

Anschließend legen die Kinder ein Schneckenhaus auf ihre Hand und sprechen bzw. singen den Text gemeinsam mit Ihnen.

Variation 1: Die Schnecke sucht sich eine Kriechstrecke, z. B. die Wiese, den Sand, die Erde, die Wand usw. So wird das Lied mehrmals, aber mit neuen taktilen Erfahrungen gesungen.
Variation 2: Das Lied eignet sich für ein Körperwahrnehmungsspiel. Die Schnecke wandert beim Singen des Liedes über den Rücken eines Kindes.
Variation 3: Die Kinder bekommen ein Kissen oder ein Sandsäckchen auf den Rücken und kriechen selbst als Schnecken über die Wiese.

Im Schneckenland

Material: Teppichfliesen, Balancierbänke, Hocker, Kriechtunnel, grüne und braune Tücher, grüne Decke, Klangschale

Vorbereitung: Sie gestalten draußen auf der Wiese, im Sand oder im Gymnastikraum eine abwechslungsreiche Krabbellandschaft. Mithilfe der Hocker und Bänke lassen sich kleine Steigungen oder Höhenunterschiede einbauen. Die Tücher verwandeln den Raum oder Büsche und Bäume schnell in eine verwunschene Schneckenlandschaft, in der die Kinder wie Schnecken herumkriechen können. Die Kinder versammeln sich auf der grünen Decke. Dort erzählen Sie die Geschichte von der Schnecke Immerfroh:

> Auf einer Wiese lebt die kleine Schnecke Immerfroh. Sie ist immer sehr froh, denn sie hat viele Schneckenfreunde. Mit ihnen erlebt sie hier auf der Wiese viele schöne Abenteuer. Zusammen mit ihren Freunden ist Immerfroh sehr mutig. Sie traut sich, durch dichtes Gras und über Erdhügel zu kriechen oder über Äste und Zweige zu balancieren. Manchmal kriecht sie auch auf Büsche oder sogar in Bäume. Immerfroh ist mit ihren Freunden von morgens bis abends unterwegs. Erst wenn es dunkel wird, sucht sie sich mit ihren Freunden ein schönes Plätzchen unter einem großen Blatt und zieht sich in ihr Haus zurück. Hier schläft sie müde, aber sehr froh ein.

Nach dieser Geschichte laden Sie die Kinder ein, wie die kleine Schnecke Immerfroh durch die Wiesenlandschaft zu kriechen. Sie schlagen die Klangschale an und verwandeln die Kinder in kleine Schnecken. Nun können die Kinder nach Lust und Laune kriechen und balancieren. Hören sie erneut den Ton der Klangschale, kriechen sie und legen sich zur Ruh. Dieses Bewegungsspiel kann beliebig oft wiederholt werden.

Stein auf Stein

ENTDECKEN, FORSCHEN UND SPIELEN MIT STEINEN

Sobald Krippenkinder laufen können, beginnen sie zu sammeln. Steine gehören zu den beliebtesten Fundsachen. Die Kinder zeigen bei Ihren Erkundungen sehr viel Ausdauer. Besonders gerne spielen sie das Spiel „Aufheben und Wegwerfen". Die spielerischen Erfahrungen mit Steinen sind sehr vielseitig und sprechen immer verschiedene Sinne an.

Steinforscher

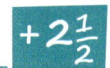

Material: viele verschiedene Steine, Waage mit 2 Waagschalen, verschiedene Trichter, Schlauchstücke, Schaufeln, Dosen mit Deckel, Zeitungspapier, Kartons, Schachteln, Tische

Vorbereitung: Sie bereiten den Kindern draußen oder drinnen ein „Labor" vor. Stellen Sie dafür Waage, Trichter, verschiedene Schaufeln und Dosen, Zeitungspapier, Kartons und Schachteln auf den Tischen bereit. Bevor Sie die Kinder holen, stecken sie einen großen Stein in die eine Hosentasche und einen kleinen Stein in die andere.

Sie erzählen den Kindern, dass Sie ihnen ein Geschenk mitgebracht haben. Holen Sie, mit etwas Spannung, den einen Stein aus der Hosentasche und danach den anderen Stein aus der anderen. Danach werden die Kinder eingeladenn draußen Steine zu suchen. (Sie können auch an einem bestimmten Ort Steine auslegen.) Diese sammeln die Kinder ein und gehen gemeinsam in das „Labor". Hier finden sie anregende Hilfsmittel, die sie zum Forschen auffordern. Die Kinder können die Steine nach Herzenslust wiegen, in Dosen füllen, durch Schläuche rollen lassen, einpacken, sortieren und durch Gegeneinanderschlagen Geräusche erzeugen.

Steingrapschen

Material: Steine, Tennisball, Decke, pro Kind ein Eimer

Die Kinder sitzen im Sand, auf der Wiese oder einer Decke zusammen im Kreis. Vor jedem Kind liegt eine gleiche Anzahl Steine und neben jedem Kind ein Eimer. Sie laden die Kinder zum „Steingrapschen" ein.
Sie halten einen Tennisball in der Hand. Die Kinder richten ihre Aufmerksamkeit auf den Ball. Lassen Sie ihn fallen, greifen alle schnell einen Stein und legen ihn in ihren Eimer.

Variation : Sie rufen den Namen eines Kindes. Dieses ist besonders aufmerksam und nimmt einen Stein, wenn Sie den Ball fallen lassen.

Die Suche nach der Steinschlange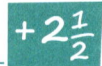

Material: viele Beetsteine, Mehl, pro Kind ein Eimer

Vorbereitung: Auf der Wiese ziehen Sie mit Mehl einen Kreis. Dort hinein legen sie aus dicken Beetsteinen eine Steinschlange. Nun machen Sie kleine Mehlspuren, die bis zu dem Platz führen, wo Sie sich mit den Kindern treffen.

Die Kinder sitzen mit Ihnen auf der Wiese in der Nähe des Mehlkreises. Sie erzählen den Kindern, dass es hier eine kleine, nette Steinschlange gibt. Sie heißt Zisch und hat sich in dem hohen Gras versteckt. Gemeinsam gehen alle auf Schlangensuche. und folgen den weißen Spuren, die die Schlange hinterlassen hat. Ein kleiner Vers leitet in das Suchspiel ein kann mehrmals während der Suche wiederholt werden.

> Zisch, zisch, zisch! Hörst du sie rufen?
> Kommt, wir wollen sie nun suchen.
> Wo hat die Schlange sich versteckt.
> Wer hat sie wohl zuerst entdeckt.
> Spuren führen uns zu ihr,
> folget mir.

Variation: Die Kinder füllen einen Eimer mit Steinen und legen in dem hohen Gras eine eigene Steinschlange. Gemeinsam gehen die Kinder zurück zum Treffpunkt und von dort aus versuchen sie die Schlange wiederzufinden.

Steinbilder legen

Material: viele Steine, pro Kind eine Teppichfliese

Die Kinder werden eingeladen auf einer Teppichfliese ein Steinbild zu legen. Wenn diese Gestaltungsphase beendet werden soll, schlagen Sie leicht zwei Steine aneinander. Gemeinsam werden die Bilder betrachtet. Für eine Dokumentation können Fotos gemacht werden.

Es war einmal ein Stein

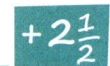

Material: großes Seil, pro Kind eine Teppichfliese, eine Dose mit Deckel und 10 kleine Steine

Vorbereitung: Sie legen mit Teppichfliesen einen Sitzkreis aus. Das Seil legen Sie kreisförmig in die Mitte. Füllen Sie für jedes Kind eine Dose mit zehn kleinen Steinen. Die verschlossenen Dosen werden in den Seilkreis gestellt.

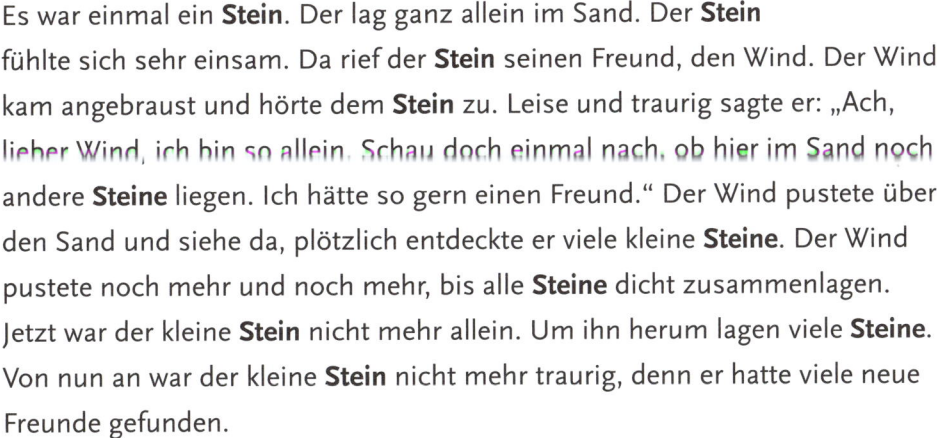

Jedes Kind setzt sich auf eine Fliese und wird von Ihnen eingeladen, sich eine Steindose zu nehmen und diese zu schütteln. Danach öffnen alle ihre Dose und entdecken darin Steine. Die Schütteldose wird wieder geschlossen und Sie laden die Kinder zu einer Steingeschichte ein. Sagen Sie in der Geschichte das Wort **Stein** oder **Steine**, dann schütteln die Kinder ihre Steindose.

> Es war einmal ein **Stein**. Der lag ganz allein im Sand. Der **Stein** fühlte sich sehr einsam. Da rief der **Stein** seinen Freund, den Wind. Der Wind kam angebraust und hörte dem **Stein** zu. Leise und traurig sagte er: „Ach, lieber Wind, ich bin so allein. Schau doch einmal nach, ob hier im Sand noch andere **Steine** liegen. Ich hätte so gern einen Freund." Der Wind pustete über den Sand und siehe da, plötzlich entdeckte er viele kleine **Steine**. Der Wind pustete noch mehr und noch mehr, bis alle **Steine** dicht zusammenlagen. Jetzt war der kleine **Stein** nicht mehr allein. Um ihn herum lagen viele **Steine**. Von nun an war der kleine **Stein** nicht mehr traurig, denn er hatte viele neue Freunde gefunden.

Variation: Die Kinder öffnen die Dose. Die Geschichte wird erzählt und bei dem Wort Stein werfen sie einen Stein in den Seilkreis.

Ich bin ein Stein

Material: einige spitze, runde und flache Steine, Klangschale, Decke, 3 kleine Körbe

Alle Steine liegen auf der Decke, sodass die Kinder sie betrachten und vergleichen können. Dann halten Sie einen spitzen Stein hoch. Die Kinder stellen jetzt einen spitzen Stein dar. Sie halten Ihre Hände über dem Kopf zusammen. Alle Kinder bleiben so stehen und Sie singen die erste Strophe des Liedes. Sie schlagen leicht die Klangschale an und die Kinder stellen sich wieder entspannt hin. Danach zeigen Sie einen runden Stein. Die Kinder stellen ihn dar. Diesmal legen sie sich zusammengerollt auf den Boden und Sie singen die zweite Strophe des Liedes. Die Klangschale beendet dieses Körpererfahrungsspiel. Danach zeigen Sie den platten Stein. Die Kinder legen sich flach auf den Boden und Sie singen die dritte Strophe des Liedes. Die Klangschale beendet diese Haltung.

Melodie: Vogelhochzeit

Ich bin ein kleiner spitzer Stein
und stehe hier nicht ganz allein.
Fideralala, fideralala, fideralalalala.

Ich bin ein kleiner runder Stein
und liege hier nicht ganz allein.
Fideralala …

Ich bin ein kleiner flacher Stein
und liege hier nicht ganz allein.
Fideralala …

Variation 1: Die Strophen werden hintereinander gesungen und die Kinder stellen pantomimisch die Steine dar.
Variation 2: Die Erzieherin verteilt zehn unterschiedliche Steine auf der Wiese. Jedes Kind sucht sich einen Stein aus und stellt pantomimisch die Form des Steines dar.

Ölsteine

Material: kleine Wannen, Wasser, Bürsten, Tücher, Babyöl, Glasschalen, viele Pinsel, Tische, für jedes Kind ein Eimer

Gemeinsam mit den Kindern sammeln Sie auf einem Spaziergang unterschiedliche Steine. In der Steinfabrik waschen, reinigen und trocknen die Kinder die Steine mit Bürsten und Tüchern. Nach dem Trocknen reiben sie die Steine mit Öl ein, bis sie glänzen. Das Einölen macht den Kindern viel Spaß. Sie können dafür ihre Hände oder einen Pinsel benutzen.
Variation: Nach dem Einölen werden die Steine durch Sand gerollt. Diese besondere Erfahrung ist zwar ölig und sandig, macht aber viel Spaß.

Steinweitwurf

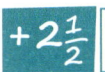

Material: kleine Steine, Stöckchen, eine große Harke, pro Kind eine Schaufel

Vor der Sandfläche haben Sie einen Steinberg aufgeschüttet. Die Kinder werden eingeladen, Steinweitwerfer zu sein. Sie begradigen zunächst die Sandfläche. Von der Startlinie an der Sandfläche werfen die Kinder nacheinander ihre Steine in den Sand. Sie stecken ein Stöckchen an die Stelle und dann kann jeder die Entfernung sehen und zu vergleichen.

Variation: Die Kinder graben Löcher in den Sand. Nun können die Kinder versuchen die Steine nacheinander in die Löcher zu werfen.

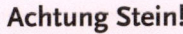

> **Achtung Stein!**
> Beobachten Sie die Kinder bei diesem Spiel, denn beim Werfen kann die Richtung und die Entfernung noch nicht abgeschätzt werden. Erklären Sie den Kindern, dass sie nur in die Richtung werfen dürfen, wo kein Kind sitzt.

Blütenzauber im Herbstwind

BLÄTTER UND BLÜTEN GANZHEITLICH ERLEBEN

Für die Kleinsten sind Blüten, Blätter oder Gräser faszinierende Naturmaterialien mit denen sie spielerisch Sinneserfahrungen machen können. Blüten, Blätter und Gräser sind bunt, weich, handlich und leicht. Sie duften, fühlen sich einzigartig an und laden zu langen Betrachtungen ein.

Die Blätterzwerge

Material: Sand, Kanne mit kaltem Pfefferminztee, ein Bund Minzblätter, pro Kind eine Papiertüte, ein Trinkbecher und eine Teppichfliese

Vorbereitung: Kaufen sie einige Töpfe mit Kräutern. Diese stecken Sie mit Topf in die Erde der Kitawiese.

Die Kinder sammeln auf der Wiese Blätter, während Sie mit Sand einen Kreis auf den Asphalt streuen. Dort legen die Kinder ihre gesammelten Blätter hinein. Sie holen die Minzblätter dazu und jedes Kind bekommt eines und genießt den Duft. Sie erzählen den Kindern, dass die Minzblätter von den Zwergen aus dem Wald stammen. Die Zwerge sammeln die Blätter von Bäumen und Büschen und machen daraus Tee und andere Köstlichkeiten. Nach diesem kurzen Gespräch setzen sich alle Kinder auf ihre Teppichfliese nah um den Kreis herum und lauschen der Geschichte von den Blätterzwergen. Wenn die Kinder das Wort **Blätter** hören, nehmen sie sich ein Blatt aus der Kreismitte. Zum Abschluss trinken die Kinder einen Becher Zwergen-Pfefferminztee.

> Früh morgens, wenn der Tau noch auf den **Blättern** liegt und es ganz still im Wald ist, machen sich die Zwerge auf den Weg und sammeln viele frische **Blätter**. Am liebsten jedoch sammeln sie die **Blätter** von den Wiesenkräutern. Auf dieser Wiese wachsen viele herrlich duftende Kräuter. Aber auch von Sträuchern, kleinen Büschen und Bäumen pflücken sie die ganz kleinen **Blätter** ab. Daraus machen sie frischen Tee, Soßen und Kuchen. Im Herbst haben die Zwerge immer viel zu tun, denn dann müssen sie jeden Tag **Blätter** sammeln, weil sie viele Tees, Soßen und Kuchen backen. Diese leckeren Sachen schenken sie dann ihren Freunden, damit sie im Winter genug zu essen haben. Wenn der erste Schnee fällt und keine **Blätter** mehr an den Bäumen hängen, haben die Zwerge Zeit, um ihren eigenen **Blätter**tee, **Blätter**kuchen und ihre leckere **Blätter**soße zu probieren.

Blütenmuseum

Material: Sand, pro Kind ein Eimer

Die Kinder erhalten von Ihnen einen Eimer. Gemeinsam werden sie nun eingeladen, mit Ihnen auf der Wiese Blätter, Blüten und Gräser zu sammeln. Danach streuen Sie mit Sand einen großen Rahmen auf den Spielplatzasphalt oder auf eine Wiese. In diesen Rahmen legen die Kinder ihre gesammelten Blüten. Nach vollbrachter Arbeit gehen alle gemeinsam durch das Blütenmuseum und bestaunen die Blütenpracht.

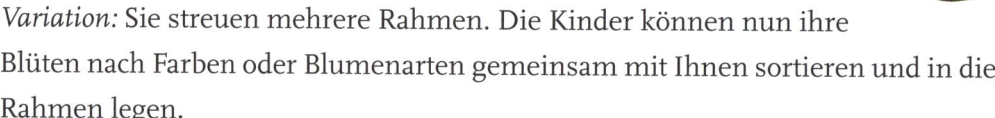

Variation: Sie streuen mehrere Rahmen. Die Kinder können nun ihre Blüten nach Farben oder Blumenarten gemeinsam mit Ihnen sortieren und in die Rahmen legen.

Die Blütenprinzessin

Material: grünes Tuch, Entspannungsmusik, alte Kataloge
Für die Variation: Fingerfarbe, Tapete

Gemeinsam gehen Sie mit den Kindern Blumen pflücken. Draußen oder im Haus wird ein grünes Tuch mit den Blumen geschmückt. Alle Kinder setzen sich im Kreis um das Tuch und nehmen sich eine Blüte. Sie riechen an ihr, betrachten sie und befühlen die Blüte. Anschließend erzählen Sie den Kindern das folgende Märchen:

> Es war einmal eine Prinzessin. Wie alle anderen Kinder spielte auch sie gerne im Sand oder lief barfuß durch Pfützen. Doch am liebsten saß sie auf der großen Blumenwiese hinter ihrem Schloss. Ganz still saß sie zwischen den langen Grashalmen und den wunderschönen Blumen. Sie erfreute sich an den Farben und dem Duft. Oft wurde sie dabei ein wenig müde. Dann legte sie sich auf den weichen Blütenteppich, schloss ihre Augen und lauschte der leisen Blütenmusik. War die Musik besonders schön, stand sie auf, pflückte

eine Blüte und tanzte den Blütentanz. Erst wenn der Abendwind sie berührte, machte sie sich wieder auf den Weg ins Schloss. Zur Erinnerung nahm sie jedes Mal eine andere Blüte mit und legte sie in einen schönen Rahmen.

Variation 1: Die Kinder legen sich um die Wiese und lauschen beruhigender Entspannungsmusik. Abschließend tanzen sie einen Blütentanz.

Variation 2: Ein großes Tapetenstück wird auf einen Tisch geklebt. Darauf verteilen Sie Fingerfarbe. Mit Unterstützung von klassischer Musik, malen die Kinder mit ihren Händen eine bunte Blumenwiese.

Der Blütentanz

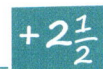

Material: Sand, Blüten

Mit Sand wird ein Kreis auf den Asphalt des Spielplatzes markiert. Die Kinder werden eingeladen, Blüten zu sammeln. Diese legen sie in den Kreis. Dann stellen sie sich um den Kreis, fassen sich an den Händen, singen das Blütentanzlied und nehmen sich eine Blüte. Am Ende dieser Tanzeinheit gehen die Kinder in die Hocke und schließen ihre Augen.

Melodie: Vogelhochzeit

Wir tanzen alle ganz, ganz leis
um diesen schönen Blütenkreis.
Fideralala, fideralala, fideralalalala.

Wir klatschen froh und drehn uns schnell
und springen auch mal auf der Stell.
Fideralala ...

Die Blüten legen sich zur Ruh
und machen ihre Kelche zu.
Fideralala ...

Blättertanz

Material: großes leichtes Tuch, Blätter
Für die Variationen: Blätter, pro Kind ein Strohhalm

Die Kinder sammeln bunte Herbstblätter und legen sie auf ein Tuch, das auf dem Boden ausgebreitet ist. Dann nehmen sie das Tuch, heben es in die Höhe und singen das folgende Lied. Dabei gehen sie im Kreis umher und achten darauf, dass die Blätter nicht vom Tuch fallen. Die erste Strophe kann beliebig oft wiederholt werden. Wenn der Tanz beendet werden soll, wird die zweite Strophe im stehen gesungen.

Melodie: Wie das Fähnchen auf dem Turme

Alle Kinder singen leise,
machen eine schöne Reise.
Mit dem Tuch hier in der Hand,
gehen sie durch`s Blätterland.

Alle Kinder bleiben stehen,
wollen gar nicht weitergehen.
Dieser Tanz war wunderbar,
morgen tanzen sie noch mal.

Variation 1: Mit einem Strohhalm pusten die Kinder die Blätter vorwärts.
Variation 2: Ein Kind legt sich in das Gras. Die anderen decken es mit Blättern zu. Wenn es aufsteht, schüttelt es die Blätter ab.

Nuss ist nicht gleich Nuss

SPIELE UND EXPERIMENTE MIT NÜSSEN UND KASTANIEN

Kastanien und dicke Nüsse kann man rollen, werfen, sie in Flaschen und Dosen füllen und mit ihnen Geräusche erzeugen. Sie sind handlich und passen in jede Hosentasche. Daher können kleine Anregungen die Spiel- und Entdeckungsfreude der Kinder verstärken.

Nüsse zuordnen

Material: Haselnüsse, Walnüsse, Paranüsse, Schale, Tuch, eine Bildkarte zu jeder Nusssorte, Tisch, pro Kind ein Löffel

Vorbereitung: Die Nüsse liegen in der Schale unter einem Tuch versteckt.

Sie sitzen mit den Kindern am Tisch. In der Mitte steht ein Körbchen. Es ist mit einem Tuch zugedeckt. Nacheinander werden die Kinder eingeladen, unter das Tuch zu fassen und den Inhalt zu erfühlen. Die Kinder können erraten, was sich unter dem Tuch befinden könnte. Sie entfernen das Tuch, lassen die Nüsse erneut befühlen und sagen den Kindern, wie die Nüsse heißen. Danach zeigen Sie ihnen eine Bildkarte mit einer Nusssorte. Sie legen diese Karte auf den Tisch und die Kinder legen die passende Nuss aus der Schale dazu. Ebenso verfahren Sie mit den anderen Bildkarten. Anschließend stellen Sie die Nussschale auf einen anderen Tisch und die Kinder werden zu einem Geschicklichkeitsspiel eingeladen, bei dem sie je eine Nuss auf dem Löffel bis zur Schale balancieren.

Variation: Die Karten werden verändert. Es sind nur noch die Umrisse der einzelnen Nusssorten zu sehen. Das Spiel wird wie bekannt noch einmal durchgeführt.

Hinweis: Pro Kind muss mindest eine Nuss von jeder Sorte in der Nussschale liegen.

Werfen und zielen

Material: verschieden große Behälter, pro Kind 3 Kastanien

Jedes Kind erhält drei Kastanien. Nacheinander stellen alle Kinder sich an der Startlinie auf und werfen die Kastanien in verschieden große Behälter.

Variation: Wie beim Murmelspiel graben die Kinder ein großes Loch in die Erde. Die Kinder stellen sich alle mit dem gleichen Abstand zum Loch in einen Kreis und versuchen von da aus ihre Kastanien in das Loch zu rollen.

Die Nüsse hier

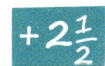

Material: Beutel, viele Wallnüsse

Sie haben einen schönen Beutel. Darin sind die Wallnüsse aufbewahrt. Diesen besonderen Beutel zeigen sie den Kindern. Sie können von außen fühlen, damit Geräusche machen und den Inhalt raten. Danach wird der Beutel geöffnet und jedes Kind bekommt zwei Wallnüsse. Sie laden die Kinder ein, bei dem folgenden Lied die Nüsse aneinander zuschlagen.

Melodie: Die Fröschelein

Die Nüsse hier, die Nüsse hier, die machen laut knack, knack.
Die Nüsse hier, die Nüsse hier, die machen laut knack, knack.
Knack, knack, knack, knack.
Knack, knack, knack, knack.
Knack, knack, knack, knack, knack, knack.

Die Nüsse hier, die Nüsse hier, die machen leis knack, knack.
Die Nüsse hier, die Nüsse hier, die machen leis knack, knack.
Knack, knack, knack, knack.
Knack, knack, knack, knack.
Knack, knack, knack, knack, knack, knack.

Leo sammelt für den Winter

Material: viele Wallnüsse, großer Topf mit Deckel oder Klangschale mit Tuch, wenn möglich ein Eichhörnchen als Handpuppe
Für die Variation: Sand, pro Kind ein Eimer

Sie sitzen mit den Kindern auf Teppichfliesen im Kreis und holen den Topf mit dem Deckel oder die Klangschale mit einem Tuch hervor. Darin ist das Eichhörnchen Leo versteckt. Sie holen Leo aus dem Gefäß und stellen ihn den Kindern vor. Sie erzählen ihnen, dass Leo Wallnüsse sammelt und laden die Kinder zu einer Geschichte ein. Die Kinder bekommen fünf Walnüsse und werfen je eine in den Topf oder in die Klangschale, wenn in der Geschichte das Wort **Nuss** oder **Nüsse** gesagt wird.

> Im Herbst, wenn der Wind kräftig bläst, fallen die **Nüsse** von den Bäumen. Nun hat Eichhörnchen Leo sehr viel zu tun. Er muss viele **Nüsse** für den Winter sammeln. Fleißig, wie er ist, macht er sich auf, um unter dem großen Baum nach **Nüssen** zu suchen. Heute hat er Glück, denn er findet ganz viele **Nüsse**. Nun sucht er für sie ein Versteck. Leo versteckt sie an vielen Stellen. Er buddelt ein Loch und legt immer nur eine **Nuss** hinein. Wenn der Winter kommt, buddelt er die **Nüsse** wieder aus und frisst sie auf.

Variation 1: Die Kinder bekommen eine Kaffeedose mit Deckel. In der Kreismitte liegen viele Nüsse. Immer wenn das Wort Nuss gesagt wird, nehmen sie eine und legen sie in die Dose. Am Schluss verschließen sie die Dose, singen das bekannte Nusslied (siehe Seite 77) und rasseln dazu mit der Dose.

Variation 2: Sie kennzeichnen mit Sand ein Spielfeld auf der Wiese. Dort verstecken Sie Nüsse. Sie erzählen den Kindern, dass das Eichhörnchen Leo viele Nüsse versteckt hat und sie einfach nicht wiederfindet. Er bittet die Kinder, ihm beim Suchen zu helfen.

Nussmassage

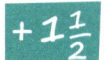

Material: Walnüsse

Sie bieten den Kindern eine Nussmassage an. Die Kinder gehen zu Paaren zusammen. Ein Kind liegt auf dem Bauch und das andere rollt eine Walnuss über den Rücken des Kindes. Dabei sprechen Sie folgendes Gedicht.

> Die kleine Nuss macht schöne Sachen,
> sie will dir jetzt 'ne Freude machen.
> Bleibe liegen, sei ganz still,
> weil sie dich berühren will.
>
> Sie zieht langsam kreuz und quer,
> immer wieder hin und her.
> Über Rücken und auch Beine,
> zieht die Nuss so ganz alleine.
>
> Auf dem Rücken ist es schön,
> hier kann sie sich ganz doll drehn.
> Sie rollt und zieht und ruht nicht aus,
> jetzt ist sie müd und rollt nach Haus.

Kastanieninstrumente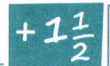

Material: Kastanien, Wolle, dicke Nadel, pro Kind ein Paar alte Kinderhandschuhe, pro Kind eine Plastikflasche, Tanzmusik, Wolle, pro Kind ein breites Gummiband
Für die Variation: Kissenbezüge

Klapperhandschuh: In jeden Handschuh werden einige durchbohrte Kastanien eingenäht. Jedes Kind erhält ein Paar Klapperhandschuhe und schlägt diese nach Belieben gegeneinander. Die Handschuhe eignen sich auch gut für eine Massage.

Kastanienrasseln: Die Plastikflaschen werden mit einigen Kastanien gefüllt und fest verschlossen. Im Hintergrund läuft eine Tanzmusik. Die Kinder nehmen ihre Kastanienrasseln, halten sie in die Höhe und bewegen sich zur Musik.

Kastanienkissen

Material: getrocknete Kastanien, Waschhandschuhe, Nähmaschine
Für die Variation: Kissenbezüge

Die Erzieherin füllt getrocknete Kastanien in einen Waschhandschuh und näht diesen gut zu. Die Kissen können unterschiedlich eingesetzt werden, ob für eine Massage oder zum Ertasten und Erfühlen. Die Ideen der Kinder werden hierbei aufgegriffen.

Variation: Die Kastanien werden nach dem Trocknen in die Kissenbezüge gefüllt.

> **Kastanien richtig trocknen!**
> Die Kastanien müssen lange getrocknet werden, bevor sie zum Spielen oder zum Basteln aufbewahrt werden können. Unzureichend getrocknete Kastanien schimmeln!